U0944491

销售是个技术活儿，德、眼、心、口、手须合一
冠军绝不能等靠要，勤、行、省、悟、践是前提

成为汽车销售冠军的66个实战技巧

丁帆◎著

图书在版编目（CIP）数据

成为汽车销售冠军的 66 个实战技巧 / 丁帆著 . -- 北京：企业管理出版社，2019.6

ISBN 978-7-5164-1855-0

Ⅰ . ①成… Ⅱ . ①丁… Ⅲ . ①汽车 – 销售 – 方法 Ⅳ . ① F766

中国版本图书馆 CIP 数据核字 (2018) 第 288850 号

书　　名：成为汽车销售冠军的66个实战技巧

作　　者：丁帆

责任编辑：宋可力

书　　号：ISBN 978-7-5164-1855-0

出版发行：企业管理出版社

地　　址：北京市海淀区紫竹院南路17号　邮编：100048

网　　址：http://www.emph.cn

电　　话：编辑部（010）68416775　发行部（010）68701816

电子信箱：qygl002@sina.com

印　　刷：中煤（北京）印务有限公司

经　　销：新华书店

规　　格：710mm×1000mm　1/16　22.5印张　283千字

版　　次：2019年6月第1版　2019年6月第1次印刷

定　　价：68.00元

目　录

第一章　展厅接待的 13 个问题

第五章　车展营销需要解决的 8 个问题

第六章　销售顾问经常遇到的 9 个问题

第一章
展厅接待的 13 个问题

导 读

展厅接待不能等同标准销售流程

客户进店后不说话，怎么办

如何让客户在店内停留更长时间

如何让客户更加信任你

如何应对“一带多”的客户

如何介绍产品才能让客户满意

产品讲解的作用是什么

销售顾问讲解产品时经常犯哪些错误

产品讲解不够好，如何才能快速改善

如何留住想要离开的客户

如何获得客户的联系方式和更多信息

夫妻客户意见不统一，该怎么办

觉得自己接待客户没发挥好，怎么办

如何搞定特别强势客户，让其快速购买

展厅接待不能等同标准销售流程

展厅接待是汽车销售过程中非常重要的环节，产品介绍、需求分析、价格谈判其实都包含在展厅接待当中，包括后续的二次电话邀约客户，也与第一次展厅接待有直接的关系。有人把展厅接待等同于标准销售流程，其实不然。标准销售流程包含的模块比较多，从模块角度讲，展厅接待是标准销售流程的一个模块。但是，从实战角度讲，标准销售流程强调的是流程、范式，而展厅接待强调的是如何应对不同客户、接待客户过程中使用什么技巧、如何获得客户的信息以及怎样取得客户的信任等。

展厅接待是汽车销售顾问综合能力的反映。虽然我们人为地将销售分为几大流程，但销售其实是一个整体，每个环节都会对下一个环节产生影响。例如，产品介绍时，没能将产品的价值向客户很好地呈现，后续价格谈判就会比较艰难；需求分析没有了解客户的核心需求，没能根据客户核心需求推荐合适车型，客户的犹豫纠结情绪就会比较浓烈。

上述的这些问题都会在展厅接待时体现出来，所以，我把大家在展厅接待中经常遇到的实战问题整理出来，给出解决思路和技巧方法供大家参考，以便于大家在日后的接待过程中少走一些弯路。

客户进店后不说话，怎么办

我们经常会遇到一些进店不说话的客户，这些客户东看看、西瞧瞧，但就是不表达自己的想法和意见，汽车销售顾问问客户问题，客户也都是模糊应对，销售顾问无法获得销售需要的有效信息。一般来讲，销售顾问把这种客户称为“刺猬型客户”，感觉浑身是刺，无从下口，不知道怎么和这类客户进行沟通。

案例一

小丁接待了一个客户甲。客户甲进店后，简单打了招呼就直奔汽车而去，一会看看这个车，一会瞧瞧那个车。

小丁问客户甲想买什么样的车，可以帮他介绍介绍，客户总是说“随便看看”。看车过程中，客户甲偶尔也会问小丁一些关于车的问题。但是，一旦小丁深入追问下去，客户甲总是用“不知道”“还没想好”等模糊词语答复。整个接待流程走下来，小丁非常郁闷。

案例二

小丁接待了另外一个客户乙。客户乙进店直奔某款汽车而去。小丁和客户乙交流，他不怎么说话，总是沉默不语，好像在思考着什么，表情也比较严肃。

小丁想给客户乙介绍一下车型，对方总是说：“不用介绍，我就是看看！”

看了半天车，客户乙也不和小丁交流什么。最后，客户乙问了问有什么优惠，就离开了展厅。

上面这两个案例都是客户进店不怎么说话的类型，但第一个案例和第二个案例还是有区别的。第一个客户不是不说话，而是防御心态比较强。第二个客户乙是根本不给销售人员交流的机会。遇到第一个案例中的客户，其实你明知道他想买车，但就是找不到切入点；遇到第二个案例中的客户，你根本就不清楚对方是来干什么的，更加困惑。

其实，所谓的客户不说话，并不是客户一句话不说，而是销售顾问从客户嘴里得不到太多有价值的信息。

我把上述案例的客户分为 4 种类型，客户的类型不同，客户进店不说话的原因也是不同的。与不同类型的客户沟通，使用的技巧也是不同的。

第一种：超强防御型

客户特点 1：警惕性高

超强防御型客户的警惕性特别高，可能以前有过消费被欺骗的经历。所以，他们对销售顾问特别警惕，对一些涉及个人信息的话题更加敏感。

客户特点 2：掌控诉求强烈

超强防御型客户即使和销售顾问交流，多以向销售顾问提问为主，不愿回答销售顾问的问题，给人的感觉是对方比较强势、难接近。其实，这种类型的客户想占据主动、掌控局面。

客户特点 3：不信任感强

超强防御型客户想买车，但又不相信任何商家，总觉得商家会骗他。所以，销售顾问谈到优惠时，这种客户大多都会不屑一顾，认为都是“套路”。

第二种：不善沟通型

客户特点 1：迷茫度高

不善沟通型客户不是不想交流，是本身不善言谈、比较木讷，给他人的感觉就是好像什么也不会说。其实，这种类型的客户不懂和销售顾问要聊些什么，对于购车计划也比较迷茫。

客户特点 2：配合度高

不善沟通型客户即使不说话，但你要介绍产品给他听，他还是很愿意配合的，只是全程不怎么发问。

客户特点 3：决定事物能力弱

不善沟通型客户即使很喜欢某款车，也不会告诉你他的感受。下次再来，这种客户一定会带个亲友一起来看车。这种客户做决定的能力比较弱。

第三种：近期无购买型

客户特点1：路过而已

近期无购买型客户可能只是路过4S店，走过店面，看到了有兴趣的车型进来看看，近期并没有购车打算，未来可能有，但具体什么时候未定。

客户特点2：看个热闹

近期无购买型客户在展厅里不会只看一款车，各款车型可能都会看看。一般不会问细节，只会问价格：这款多少钱，那款多少钱。

客户特点3：接待结束快

近期无购买型客户接待过程结束得比较快，可能客户在展厅转一圈就走了，不会长期逗留。

第四种：理性钻研型

客户特点1：问题专业

理性钻研型客户进店会向汽车销售顾问提问，喜欢占据主动。这种客户问的问题都比较专业，甚至有些问题销售顾问回答起来都比较困难。

客户特点2：语言犀利

理性钻研型客户不鸣则已，一鸣惊人。这种客户要不然一直沉默，如果要交流，语言往往比较犀利，说白了就是不会照顾销售顾问的情绪。他觉得车不好，他就会说不好，而且往往都不会解释不好的原因。

客户特点 3：关注细节

接待理性钻研型客户的时间比较长，这种客户关注的细节比较多，甚至可能会认真看底盘的一些构造、轮胎的一些花纹等。

如何应对上述的 4 种类型的客户，下面，我给出 5 种解决办法供大家参考，它们分别是额外话题法、远离观察法、搭桥手术法、制造惊奇法、请教赞美法。

额外话题法

操作技巧

客户进店后，销售顾问先介绍自己，然后在接待的前 10 分钟里可以聊聊汽车以外的话题，比如天气、职业或最近一些有意思的事情，当然，这需要销售顾问应时应景。另外，销售顾问自己也必须是个“话痨”，能聊，不怕冷场，这样往往会收到奇效。

客户第一次来店，双方都很陌生，大家聊一些熟悉的话题，会迅速减少陌生感，让销售顾问和客户能快速熟悉起来，从而进入一个良性的沟通状态。

应对客户类型

额外话题法对于超强防御型、不善沟通型、近期无购买型、理性钻研型 4 种客户都适用，属于通用技巧。

远离观察法

操作技巧

远离观察法是要求销售顾问一旦发现客户防备心理比较强，那就干脆一点，直接让客户自己看车，远离客户，但眼睛必须瞄着客户，一旦客户抬头想咨询你，要迅速赶到。

远离观察法的好处是留出足够的空间给客户，让客户在毫无压力的情况下看车，但使用这个方法需要事先和客户确认。销售顾问要问一问客户，对方是否需要单独看看车，自己可以过一会再来介绍，如果客户同意再离开，而不是直接离开，直接离开会给客户不尊重的印象，效果适得其反。如果客户说不用离开，最好也要和客户保持 1.5 米 ~ 2 米的安全距离，让客户心里有安全感。

应对客户类型

远离观察法适用于超强防御型、近期无购买型两种类型的客户。

搭桥手术法

操作技巧

这里讲的搭桥手术法，可不是心脏搭桥，而是沟通中的搭桥。中国人和西方人相比，相对比较腼腆，表达问题比较含蓄，说白了就是不善于表达内心的真实感受。所以，中国非常流行酒文化也和这个因素相关。很多生意为什么能在酒桌上谈成？是因为在酒桌上容易搭建沟通桥梁。

很多销售团队的文化都是喝酒，因为酒精可以让人放下防御，进入一种更顺畅的沟通状态。举个例子，如果你和同事出去吃饭，一桌子人都不喝酒，这个饭局可能很快就结束了，也比较无趣；或者整个团队就你不喝酒，那你自己就会感觉形成了一个沟通的孤岛，你自己是一个世界，其他人是另外一个世界，你也会觉得尴尬。所以，人与人的沟通是需要一些辅助事物来帮助搭建沟通桥梁的。

讲到这里，读者可能会问:那在展厅接待中难道要请对方喝酒?其实不然，喝酒只是手段。对于汽车销售冠军来说，物物都可以化成“酒”的。

西奥迪尼在《影响力》这本书中讲过互惠原理。互惠原理是指当你给对方一样东西，对方如果接受，那么，对方会觉得自己一定要回馈一些东西给你。如果你在展厅中给客户递一杯水、一瓶饮料，甚至递一张单页，都会起到互惠的效果，客户会觉得和你搭建了一种桥梁，彼此对对方表示了认同。这里的水、饮料、单页都是你为客户斟满的“美酒”。

应对客户类型

搭桥手术法对于超强防御型、不善沟通型、近期无购买型、理性钻研型 4 种客户都适用，属于通用类技巧。

制造惊奇法

操作技巧

制造惊奇法要求销售顾问主动向客户提问。例如，问问客户对某款车的功能是否了解，知不知道车标是什么意思，是否了解这辆汽车有多少块高强度钢，等等。问这些问题的目的并不是想考考客户的智商和知识水平，而是要主动引起客户的兴趣。所以，销售顾问问的问题必须和车相关，而且还是一些客户平时不注意的信息。如果你问客户天为什么这么蓝，那就纯粹是无病呻吟，完全不能引起客户的兴趣，反而让客户觉得被冒犯。所以，销售顾问平时要多收集一些关于汽车的小知识，比如车标的故事、造型设计的故事、老客户的一些故事等，只要是你认为可以引起客户兴趣的，都可以主动向客户提问，然后讲给客户听。一旦引起了客户的兴趣，客户愿意和你继续在这个问题上进行深入的交流，后续的沟通就会比较容易。

应对客户类型

制造惊奇法对于超强防御型、不善沟通型、近期无购买型、理性钻研型 4 种客户都适用，属于通用类技巧。

请教赞美法

操作技巧

理性钻研型的客户好为人师，特别喜欢别人向他主动请教，而且特别得意自己懂得多，销售顾问要虚心向这类客户请教问题，并且多多赞美客户的知识渊博，客户就会觉得很舒服。客户舒服了，也就愿意和你沟通了。

应对客户类型

请教赞美法适用于理性钻研型的客户。

注意事项

对于上述提供给大家的应对技巧和方法，平时要多准备、多模拟、多演练。很多技巧不是你听了、看了就能学会的，而要你自己在实战中去应用，经过应用后进行改进，改进后再应用于实战，不断循环迭代，才最终固定为你个人的特有技能。台上一分钟、台下十年功，技巧都是练出来的！

如何让客户在店内停留更长时间

为什么客户在店内停留时间越长越好

客户在日常的消费活动中，有两个有限：**客户的消费时间有限、客户的注意力有限**，这两个有限是目前所有商家都在争夺的焦点。

第一个有限是时间有限，每个人都有 24 小时，去除正常的睡眠时间以外，每个人可利用的时间最多无非就是 16 小时。现在，线上和线下的商家其实都在争夺客户的 16 个小时。所以，大家才会看到铺天盖地的广告，网络上的弹出窗口、视频的插播广告、开车路上的广告牌，甚至你行走时收到的广告宣传单页，这些其实都在抢夺客户的消费时间。客户在某个商品或者商家上花费的时间越长，意味着其消费的概率或消费的数额会增大。

第二个有限是注意力有限。比客户的时间更重要的就是客户的注意力。

你有没有遇到过这种情况，在餐厅吃早餐的时候，电视里一直播放着广告，但你对这些广告内容熟视无睹，耳朵里完全听不进去广告播放的是什么。因为你正盯着手机看小说，遇到小说情节搞笑的地方，你还会发笑，导致周围其他吃饭的人看你就像看神经病一样。我相信你肯定遇到过这种情况，或者自己就经历过这样的场景。在这个场景中，广告虽然也想让你感受到它的存在，但你的注意力却被小说吸引了，这样的广告对于商家来说就是失败的广告。所以，比抢夺客户时间更重要的是如何去吸引客户的注意力。还是同样的场景，假如这个广告里突然响起了你最爱听的一首歌曲，你心有所感，立即抬头想知道是什么情况。你抬头看广告的时候，证明这段广告成功地吸引了你的注意力，那这个广告就会对你产生效用，你也会对广告里的产品产生某种印象。后续如果需要购买这类产品时，你可能第一时间就有可能购买广告里播放的这个牌子的产品。

广告还是广告，但广告里的歌曲成功地吸引了你的注意力，这种影响会让你印象深刻，甚至在不经意间就引导了你的购买行为。

在信息和经济空前发达的今天，客户时间和注意力资源是非常有限的。客户在 4S 店内停留的时间越长，证明你占用其消费和注意力的时间越多，那你才更有机会影响他的购买行为。相反，如果客户在 4S 店内停留时间很短，你影响和说服其购买产品的概率会非常小，相应成交的可能性也不大。

如何占用客户的时间和注意力

在具体讲解如何占用客户时间和注意力之前，我们要先了解占用时间和注意力的四个方法论。

1. 让客户停留更长时间，时间越长越好

客户停留的时间越长，你就越有机会说服对方购买商品。客户在4S店内的时间长，有两种可能情况。一种可能情况是客户本身很喜欢这个产品，所以停留时间长，如大家看到的苹果手机专卖店，总是有很多客户在店内停留并操作机器，这说明客户对产品本身的喜爱。另外一种可能情况是销售人员通过努力让客户停留的时间够长，从而为自己创造更多的交易机会，促进客户的成交。

2. 让客户印象更加深刻，印象越深刻越好

为什么前文提到的歌曲的广告会让客户抬起头来，这是因为这个广告中的音乐让客户印象深刻。4S店内的服务也是如此，如果你的服务或者产品能够让客户印象深刻，这个印象深刻就代表着你已经深深吸引了客户的注意力，成功的概率就增大了。

3. 高效利用时间，不要无效吸引

虽然你让客户在4S店内停留的时间增长了，但却不会利用客户在店内停留的时间，没有在有限的时间内尽可能去把客户的消费欲望调动起来。导致时间拉长了，但销售效率却没有提升，这就属于无效吸引。无效吸引也会浪费销售人员的销售时间。

4. 关注每一位客户离店的原因

要关注每一位客户离开4S店的原因。每次客户离店，都要问问：为什么客户选择离开，我们哪里做得还不够？不仅仅要询问自己，客户离店的时候还要询问客户，在后续回访客服时也要向客户提出这个问题。这样的问题的答案有助于改善4S店应对客户的方法、改进服务和接待流程等，从而增加客户的留店时间。

如何让客户停留更长时间

想留住客户，让客户停留的时间更长，我推荐三大类方法供大家参考：①外在方法，服务、环境、素养；②内在方法，产品讲解四段论；③综合方法，疑问、服务、请求。

（一）外在方法

影响客户的停留时间和吸引其注意力是一个综合问题，需要 4S 店在很多方面做文章，有很多工作需要做。下面我列举几个方面的工作供大家参考。

1. 店内的布置及环境要与你所应对的客户相匹配

假如一个文具店装修成五星级酒店的环境氛围，其商品并不能增加多少销量。但是，一个 4S 店如果环境及布置都比较差，会影响汽车销量。所以，4S 店内的环境要满足客户的基本需求。但是，店内的环境及布置一定要与你的消费群体相匹配。如果不能和群体相匹配，无论多好的环境及布置，客户都不会买单。4S 店内的环境要让客户第一眼觉得这就是其喜欢的地方！

什么叫和客户相匹配呢？其实就是需要你根据客户的购买力、客户的年龄结构及客户的日常消费环境和生活环境来匹配店内的布置。比如，你的产品以“80 后”为消费主力，那展厅的音乐就应该是以“80 后”熟悉的歌曲为主打，你的展厅也可以摆放一些“80 后”熟悉的物件、绿植等。如果你的产品以年轻消费群体为主，你的店内布置就要倾向于科技化、智能化，让年轻群体在店内感受到动感时尚的气息。

还有一个注意点需要大家关注：无论什么品牌的 4S 店，店内客户坐的椅子越舒服越好。因为舒适的座椅能让客户更愿意主动坐一会儿，从而增加停留时间。

另外，请大家注意：我在这里提出的展厅环境布置是在厂商要求的标准上增加的额外布置！

环境布置的目的是让客户进入 4S 店后不愿意离开，喜欢在这个环境中停留。

2. 销售人员的接待和产品的介绍要热情、新颖

4S 店内的销售人员是吸引客户注意力的主力军，销售人员的接待要热情周到。有些时候客户因为销售人员的周到接待，会更愿意在店内停留更长时间。

另外，客户对产品的关注决定其购买的概率，而这种关注或者注意力的吸引往往是由销售人员主导的。销售人员能不能成功吸引客户的注意力，在产品讲解的时候能不能让客户印象深刻，决定了客户愿不愿意花费其更多的时间停留在 4S 店里。

3. 店内的服务要随心和周到

4S 店内的服务和前文提到的销售顾问的服务是不一样的，这是指店内的其他服务。比如 4S 店内的饮料品种有多少种，甚至有的 4S 店内还会有按摩器具、按摩椅这类的配置，还有的 4S 店会有零食、糖果这类的小食品，这些都属于 4S 店的额外服务。但是，这种服务设施并不是越多就越好，过多不仅会增加成本，也会让客户无法定位 4S 店到底是卖汽车的，还是卖饮料的。4S 店内的这种服务在于周到，类似于雨天送把伞，冬天给客户一个“暖宝”一样，让客户觉得温暖和用心既可。

（二）内在方法：产品讲解四段论

内在方法是要在产品讲解上下功夫，也就是丰田的 30 分钟理论。丰田汽车曾经测算过，如果能够让客户在店内停留超过 30 分钟，成交的概率就会更大。那么，如何分配这 30 分钟呢？这就是我要给大家介绍的产品讲解的四段论。

一般客户进 4S 店后，很少和销售顾问寒暄，都是直奔车而去的，这个时候就开始了产品讲解的第一阶段。这个阶段，销售顾问要对自己和产品做一个简单的介绍，了解客户的大体需求；同时，对产品的价格、配置等做一个大体粗略的讲解。

产品讲解的第一阶段一般持续 10 分钟左右。然后，过渡到第二阶段，邀请客户坐下来，最好是坐到接待桌旁。给客户倒上饮料后，就该开始了解客户的真实需求了，尤其是客户的隐性需求，这是很考验销售顾问的功力的，也是我们在“需求分析”章节里重点要讲的内容，这里就不做太多介绍。这个阶段一般持续 15 分钟左右。

第三阶段是根据销售顾问了解到的客户需求，再把客户邀请到汽车面前，针对客户的需求做针对性讲解，一般持续 10 分钟 ~ 15 分钟左右。

最后，还应问客户对你的讲解是否满意，有什么疑问没有，这个阶段大约在 5 分钟 ~ 10 分钟左右。

这样算下来，产品讲解的全部时间大约是 40 分钟 ~ 50 分钟。这样一个产品讲解流程走下来，你就能把客户留在展厅 30 分钟以上。当然，这是理想状态。很多人会说：客户不是木偶，他不会跟着我的节奏走。其实，好的销售顾问就是要让客户跟着自己的节奏走。你看NBA比赛或者英超比赛，那些伟大的球队都有自己的打球或踢球节奏；同样，好的销售人员也要有自己的节奏。

如果客户真的不按照套路出牌怎么办？那就需要你根据实际情况去分析，但以上这四个阶段不能少，只不过在先后顺序和时间上你可以自己掌握、调整。

（三）综合方法

当外在方法和内在方法都不管用的时候，就要用到一些综合方法了。所谓的综合方法就是如果客户执意要离开，你还可以用这些方法留住他。

1. 客户离店的3个挽留

第一个挽留：要问客户一句话——这车差在哪？有哪些地方没能够满足您的需求？

第二个挽留：销售人员要问客户是否对自己的服务满意？哪些地方做得不好，请客户指正！

第三个挽留：通过给客户一张名片或者单页，或者加客户的微信等及时通信方式让客户多停留一段时间。

2. 借助第三方

如果客户要走，你可以借助售后服务的力量带客户看看客户属意车的底盘构造，让服务经理讲讲这个车的优势、性能，也可以邀请销售经理过来和你一起再次和客户交流。一般而言，人们都愿意相信权威的力量，服务经理和销售经理都属于权威人士，有时候这种方法会让客户继续留下来和你交流。

3. 留下后续铺垫

最后，你还要留一个“垫子”。所谓的“垫子”就是你和客户下次交流的借口，这个借口一般可以和产品有关，也可以和优惠政策有关。这个“垫子”留的好，不仅可以找到下次接近客户的机会，也可以让客户对于产品等产生新的兴趣点，从而愿意继续和你交流，这样也促使客户在4S店内停留的时间延长了。

当我们想方设法让客户在4S店内多停留一段时间时，有些问题也需要注意：①不要陈词滥调；②不要生硬挽留；③不要热情过度。

不要陈词滥调指的是产品讲解的时候要简洁明了，不要把“电视台的播音稿”拿出来背。一般而言，厂家的课件上给的产品话术都是不能直接使用的，因为我自己也编课件，课件需要考虑所有的受众群体，包括厂商、4S店、媒体，所以，课件的内容太宽泛、不接地气。

在实际销售中，如果你的话术和“电台播音稿件”一样，这样的讲解是不受客户欢迎的，也很难留住客户，因为客户不感兴趣。

产品的讲解要以客户的兴趣点为依托，让客户听了还想听。

不要生硬挽留指的是在没有任何理由或者借口的情况下，要求客户多聊一会儿。这就如同一个男孩和一个女孩吃饭，饭吃完了，男孩想让女孩多陪他一会儿，结果却没有好的方法挽留，一个劲地说“不准走”，你觉得这女孩会不会走呢？

不要热情过度是说过度的热情会让客户不适应，客户会觉得不自在。你越是热情，客户就会越觉得今天你不会放他走，他还不如早点走。我在逛街的时候遇到过类似的情况，如果销售人员过于热情，我反而会加速离开，因为我怕掉入她或他热情的“陷阱”中。所以，在展厅接待中，销售人员保持适度热情即可，不要过于热情。

如何让客户更加信任你

什么是信任？百度百科上是这么介绍的：在心理学中，信任是一种稳定的信念，维系着社会共享价值和稳定，是个体对他人话语、承诺和声明可信赖的整体期望；在实验心理学中，信任是向他人暴露自己弱点的行为在实验室环境中，信任是在博弈中做出合作性选择的行为；在传播学中，信任是对他人知识、能力和善意的假设，认为对方是亲近自己的，不会伤害自己的利益；在广告学中，信任存在于不确定的环境，是人与人之间或者人与组织之间通过积极预测对方的行为，依赖对方，信任彼此会按照约定行动的信念。

由信任产生的两个因素：一种对比，一种感觉。

一种对比

信任是对比出来的，没有对比就没有所谓的信任或不信任。因为我们在说信任的时候，肯定会说：某某更信任我，或者我更信任谁。所以，信任是比较出来的。

一种感觉

信任不能用数量衡量。虽然我可以说：我信任你的指数是 37，我信任他的指数是 68，但 37 和 68 到底是一种什么程度，其实很难衡量得很精准。所以，信任是一种感觉，是客户对你的一种感觉。

为什么要让客户信任你

（一）信任是成交的基础，尤其是大额消费成交

信任是成交的基础。有时候面对同样一款商品，客户宁愿在另外一家店购买，而不在你这里购买，原因就是客户不信任你。他对比了你和另外一家店的销售顾问，他选择更相信另外一个销售顾问。

客户在购买一件商品的时候，不仅会受到这个商品及品牌的影响，也会受销售顾问的影响。销售顾问的一言一行，包括销售顾问的服务水平，都会决定着客户是否愿意相信销售顾问，愿意与其共同完成这次交易。

（二）销售顾问是品牌的延续

如果客户不信任某个品牌，但却信任你，这个时候，你就代表了这个品牌。

在销售一件商品的时候，你其实是在销售两种事物：一个是商品，一个是你自己。销售人员不仅卖的是商品，同时也是在“卖”你这个人，你个人就是品牌的延伸。有些时候，客户对某个品牌有疑虑，但因为相信你这个人——销售顾问，也会选择购买这个品牌旗下的产品。当客户选择购买时，其实是客户信任两种事物——产

品与个人。

（三）销售也是建立人脉，信任是建立人脉的起始点

为什么同样都是入职三年的“老销售”，有些人的转介绍率特别高，有些人的转介绍率却特别低？

转介绍是建立在人脉基础上的，更是建立在信任基础上。在中国，一个人推荐他（她）的朋友买一件商品，这个推荐人特别担心朋友如果用了商品不满意。所以，大多数人不愿意做推荐，怕推荐不好，反而落下埋怨。

如果一个客户愿意把朋友推荐给你，让他（她）也购买同样的商品，这证明他（她）对你的产品和你个人都非常信任。信任产品是认为产品不会出问题，信任你个人是觉得你会把他（她）的朋友服务好。

销售的最高境界其实就是拓展人脉。你认识的人越多，交友越广，你所能售出的商品就越多，但前提是他们都愿意信任你。

怎么让客户信任你

（一）平等的交流

在销售过程中，我认为平等的交流是非常重要的。现在很多销售顾问遇到客户，立即感觉自己矮了三分，把客户当作“上帝”没有错，但并不是因为他是“上帝”，你就感觉你们就是不平等的关系。

所有的交流都要建立的平等的基础上，不能答应客户的条件，

那就礼貌回绝；不能帮客户办到的事情，也不要胡乱承诺。

平等交流的好处是让客户知道你是一个沉稳、成熟的销售顾问，处理问题严谨、有条理。你在尊重客户时，平等的交流也会让客户尊重你。

很多销售顾问恰恰做不好平等交流这一点，见到客户总期望对方施舍订单给你，这种不成熟的心态反而让客户不能信任你。

（二）热情的服务

销售汽车的过程中，服务要热情。热情体现在哪些方面？语言、行动、面部表情。

很多销售顾问在语言上不够热情，具体表现是语言没有感染力。客户来了，欢迎客户时有气无力，给客户介绍产品的时候一点激情没有，这些都会促使客户不信任你。

有些销售顾问的面部表情永远都是僵硬的，不会微笑。微笑是搭建人与人之间信任最好的桥梁，对一个陌生人微笑，会降低陌生人对你的防备心理，这其实变相增加了信任度。很多销售顾问都不会笑，在接待客户过程中一直很严肃，有些时候还显得咄咄逼人，这种状态导致客户的心理防御 迟迟不能解除，更加不可能信任你。

（三）“频道”的一致性

我经常和参加汽车销售培训的学员提到“调频”这个词。我们要听一个广播电台，首先要知道这个广播电台在哪个频道播放，其次是动手将收音机的旋钮调到这个频道上，我相信这个动作大家都会做。其实，和客户交流也是一个“调频”的过程。

每个客户都有独特的个性，有些人脾气急，有些人性子慢；有些人讲话快，有些人讲话慢。每一位客户都像是一个独立的广播电台，都有自己的频道。作为销售顾问，见到客户的第一时间就要把自己和客户调成一样的“频道”。

比如，客户是一个性子豪爽、脾气急的客户，你作为销售顾问就不能慢吞吞，无论价格谈判还是介绍汽车，都要给客户爽快的印象，这会让客户觉得你们很投缘，更愿意相信你。如果你非要慢吞吞的接待客户，和客户不在一个“频道”上，结果很可能就是客户对你的服务不满意，也不愿意信任你。

（四）找“五同”：同乡、同事、同好、同学、同经历

找“五同”其实也属于另类的“调频”。人们往往对有共同特点的陌生人信任多一点。比如，你了解到客户和你是同乡，这会瞬间拉近你与他（她）之间的距离。或者你了解到你和对方有共同的经历，比如都当过兵，这种共同经历的交流也会拉近你们彼此之间的关系，从而让客户更愿意和你达成交易。

（五）处理异议要认真、严谨

在销售过程中，客户难免会有异议，有些时候是对产品的异议，有些时候是对服务的异议等。当遇到异议的时候，很多销售顾问的做法是立即给予反驳。其实，这种反驳有些不妥。嫌货都是买货人，既然有了异议，就证明客户确实想买这款汽车。面对异议，我们不

能立即反驳，要深入了解客户对于这个问题思考的内在逻辑是什么。当客户提出异议时，要问问客户——为什么会这么问。当你了解了客户到底是怎么想的以后，你再答复。这样一来，客户会觉得你这个人做事认真、严谨，更愿意相信你。

（六）讲解的专业性及服务的及时性

在销售过程中，销售顾问产品讲解的专业与否，也会影响客户对你的信任。现在信息传播这么快，客户进店之前一般都会对商品有个初步了解。如果他（她）发现你的商品介绍漏洞百出，你对于商品核心卖点、金融政策等都不熟悉，肯定会对你心存疑虑、不信任。

还有一种情况，当客户使用汽车的过程中出现了一些问题或者困惑，给销售顾问打电话求援时，销售顾问直接告诉客户让其找售后服务人员，这种做法是极其伤害客户关系的。面对客户提出的使用中的专业问题，即使你不懂，你也可以告诉客户，让他或她稍等一下，你来帮忙问问售后服务人员，而不是直接生硬地让客户找售后解决。直接告诉客户自己找售后服务人员这种做法只会让客户认为你不负责任，从而不再信任你。

关于信任，我需要再次提醒大家注意以下 3 个问题：①先产生好感，再产生信任，信任需要多次接触和努力；②信任是把买卖关系转化成朋友关系的过程；③多反思自己的行为，不要试图改变别人，要改变自己。

信任是需要多次接触和努力的。不要以为一次接触就能客户信任你，这就如同一个男孩第一次见一个女孩，就要让人家做他的女朋友，只要是稍微聪明点的女孩，都不会同意。男孩首先要让女孩不讨厌自己，对自己产生好感，对待客户其实也是一样。我们争取在第一次接触客户的过程中，先让客户不讨厌我们，产生一定的好感，后续再通过多次接触，让客户信任我们。

信任要把买卖关系转化成朋友关系。销售顾问总把销售定义为一次性的买卖行为，这就导致很多销售顾问杀鸡取卵。“能骗则骗”，这种假设就是以后也不想和这个客户有生意往来，能从对方身上多榨点就多榨点，这个想法是极其错误的，也不利于销售顾问今后职业生涯的发展。销售说到底做的还是人脉，所以，在销售过程中有些问题是需要替客户着想的，因为我们叫销售顾问，顾问的含义就是要帮助客户选择合适的产品，而不是乱忽悠。

关于销售过程中的信任问题，还有一点很重要，那就是多反思自己的行为。很多销售顾问总是抱怨自己遇到的客户都是混蛋，但你有没有想过，你自己可能也是个混蛋。不要总是想着让别人适应你，因为我们做的是销售和服务行业，遇到的客户肯定是各种各样的，我们要努力去适应客户。

如何应对“一带多”的客户

在展厅接待过程中，我们经常能碰到一个客户带几个人同时来4S店看车的情况。遇到这种情况，很多销售顾问都不知道怎么处理了。

有时候，客户的这些随行人员七嘴八舌，会给销售顾问带来很大的销售障碍；同时，销售顾问在这种情况下也很容易犯错误。下面，我罗列了销售顾问在这种情况下容易犯的几个错误。

分不清人员主次

销售顾问因为客户带来的人比较多，不知道哪个才是真正的客户。或者说知道谁是购买者，但不知道哪个人才是真正的决策者，最后交易失败。

接待方法缺失

面对“一带多”的客户时，销售顾问不知道怎么接待，导致客户的满意度降低，最终交易失败。

不能够严谨应对

面对“一带多”的客户，销售顾问容易犯的第三个错误是前期应对不严谨，导致后期出现很多漏洞。比如，前期因为客户带了很多人来，各种要求都提，销售顾问急于达成交易，各种要求都答应，导致后期很多问题都解决不了。

服务质量差

面对“一带多”的客户，销售顾问容易犯的第四个错误是对于多人进店提出的要求不予理睬，或者当众反驳对方提出的异议，结果导致交易失败。

以上这些都是销售顾问在面对“一带多”的客户时经常犯的错误，还有一些其他错误，我在这里就不一一提及，我们下面就讲讲怎么处理这些问题。

处理这类多人接待的问题，有两个基本原则，或者可以说是铁律，这个铁律在你见到多人进店的一瞬间，脑海里就要闪现出来。

铁律一：先对人员进行分类

作为销售顾问，面对“一带多”的客户，你不知道来的这些人中，谁是购买人，谁又是出资人。多人进店必须先分清这些人员都是干什么来的，是一起买车，还是帮着参谋买车？如果是第一种情况，恭喜你，这可能是个大单生意。但是，大多概率都是第二种情况，都是购买人的各种亲属、朋友，过来帮忙参谋购车的，这时候，你就要意识到——今天有得忙了。

一般而言，多人进店的客户，我们可以分为以下几种类型：决策者、购买者、使用者、影响者、旁观者、搅局者。

第一种是决策者。我给决策者下的定义是：对购买汽车有一锤定音的决定权的人。所谓一锤定音，是当多人意见不统一的时候，这个决策人可以发表意见，做出决定。

购买者是指出资购买的人，大多数情况下决策人和购买人都是一个人，但也有很多其他情况，比如岳母给女儿女婿买车，出资人就是岳母，但岳母未必是决策人。

使用者是指这辆汽车的使用人，比如有的车是丈夫买给妻子开的，用来接送孩子上下学，那么，妻子就是主要使用者。

影响者是指虽然不是使用者，也不是购买者，但可以发表意见，对决策人或者购买人有影响的人，但这个影响一般都是正面的。所谓的正面的影响，在这里是要和搅局者区分开的。这个正面影响是指影响者虽然会提出问题，但如果合理的解答了对方的问题，影响者就会变成销售顾问的支持者。

旁观者是指对购买汽车不起任何作用的人，就是来看看。

最后一个难应对的是搅局者，这种人从思想意识里就是不喜欢这款汽车，不同意客户购买，很多销售顾问都遇到过类似的搅局者。

以前，有个销售顾问告诉我：客户带自己的妻子和叔叔来看车，客户和妻子都很喜欢那款汽车，但叔叔强烈反对，叔叔就是认为另外一款竞品的车型好。结果，客户和妻子一直下不定决心……这个叔叔就是典型的搅局者。

铁律二：区分不同场景，使用不同方法

所谓的区分不同场景是指虽然都是多人进店的客户，但可以分为不同的场景。不同的场景，处理的方式是不同的。

了解了客户的分类以后，我们先来看看，当多人进店的时候，会涉及哪些场景，我把多人进店分为以下 4 个场景。

第一个场景是进店后全程参与，各种需求或要求非常多。我简单描述下这个场景：当客户进店后，客户带领的各种帮忙看车的亲朋好友一拥而上，都围着汽车提出各种问题，由于问题特别多，导致销售顾问无暇应对，导致接待失败。尤其是很多销售顾问新人，甚至会出现慌乱的现象，越是这样，客户就越觉得不满意。

遇到上面说的这种场景，有以下几个处理方法可以应对，大家使用的时候，要综合运用。第一个方法是寻求同事帮助，当发现自己接待不过来的时候，一定要让同事、销售经理过来帮忙，共同接待，以免出现客户不满意的想象。

如果随行人员给出的意见太多，这个时候一定要树立购买者的核心地位，也就是谁买车——谁说了算。这个时候，要主动开口，问清主要购买者的购买需求，重点和购买者交流，要在话语中树立购买者的核心地位。比如，销售顾问可以这样说："今天您买车，那肯定是您做主，我主要是想听听您有什么需求。"这样的话术要向购买者传递，也要向随行人员传递。

寻求同事帮忙的好处是可以隔离其他意见提供者，因为有了其他同事帮忙接待，可以让其他意见传不到购买者的耳朵里。或者说，

随行人员有疑问的话，其他同事也能够帮忙解答。

最后一点：这群人中一定有一个意见领袖。所谓的意见领袖，就是他（她）的意见会得到大家的拥护，即使不拥护，也很少有人反驳。如果有这样的人，一定要寻求他（她）的支持，和他（她）搞好关系。

第二个场景是客户的随行人员前期不参与，在后期价格谈判时努力帮客户“砍价”。关于这个问题，我在价格谈判的时候重点来讲处理方法，大家可以在价格谈判的章节来学习。下面，我简单地介绍下应对这种情况的方法。

对于最后出面帮客户谈价的随行人员，从心理状态分析，主要是想销售顾问前期对随行人员不够重视，随行人员才会在价格谈判时给销售顾问出难题。所以，前期的时候，销售顾问对随行人员的意见一定要重视，对于随行人员提出的异议要认真给予解答。

当随行人员对价格抓住不放的时候，不能一口回绝，可以让步一些小条件，算是给随行人员台阶下，但不能有大妥协。最好是设置一些小礼品，让随行人员人人有份。成交了，都有礼品拿；同时，销售顾问应称赞随行人员挑选车辆的眼光很厉害，价格谈判也很厉害，满足对方的两心：一是利益心，一是虚荣心。

当销售顾问发现随行人员还没有对购买者产生很大影响的时候，要快速“切单”，通过稀缺法和优惠引导，迅速促进购买者成交。“切单”越迅速，影响就越小。

第三个场景是客户的随行人员进店后前期不参与，后期成交时对产品不满意。请注意，这个随行人员不是和你谈价，而是对产品的某些功能，比如油耗、安全等产生疑惑。这就是我前面提到的影响者扮演的角色，但他（她）不是搅局者。对于这类随行人员，一定要问明不满意的原因，并给出合理的解释，解释的越详细，越严谨，影响者也就越满意。具体操作步骤如下所述。

第一，如果这类异议你能够解决，那就认真解答，让客户去除心理的困惑，从而达成交易。

第二，如果这个异议是你解决不了的，比如油耗就是高，那这个时候要强调购买者的核心需求，比如动力强劲，因为客户的核心需求是动力强劲。动力强的车型，油耗都会偏高，强调核心需求可以让购买者认清自己到底需要什么样的车型，从而降低这个异议对于购买者的影响。

最后，要转移大家关注的话题，从异议引导到其他话题上。一旦对方的注意力被转移到其他话题上，那么，对于这个异议也就不再重视了。

最后一个场景，就是我经常说的搅局者，这类随行人员是最难缠的。例如，他（她）进店后，前期不参与，后期成交时，推荐购买另外一款竞品。这个时候，购买者就会犹豫，就想再去看看竞品再做决定，但往往去看了竞品，就有去无回了。对于这类随行人员的搅局，销售顾问非常气愤、郁闷，但又无可奈何。

下面，我谈下对于搅局者的应对办法。

第一个建议就是不要寻求一次就能搞定这类客户。这类客户一次是搞不定的，要多次接触、多次邀约。当然，如果对方去了竞品4S店，发现竞品优势明显，那可能真的没戏了，但只要客户对我们的产品还有期待，你就有机会成交。

一般来说，如果客户因为听信搅局者的话去竞品店，他（她）离开店后不要等待，马上给客户打电话，二次邀约进店进行试乘、试驾。这样做可以防止客户在竞品店迅速做决定，客户即使喜欢竞品，也会想着试驾了你的产品以后再决定不迟。另外，作为销售顾问的你可以主动出击，直接开试驾车去拜访客户，这样可以隔离搅局者，做到单独和购买者交流。

最后，要在语言上树立购买者的核心地位，“谁卖车谁做主”，“谁开车谁才是要真正考虑买车的人”，这些话语要渗透给客户，让客户明白：自己的购买决定不应该被影响。

大家在处理上述场景的时候，还有以下3个问题需要注意。

1. 不急于成交，先分清类型，心中要有预案。所以，销售顾问脑海里要清楚这些技巧和方案。

2. 别怕人多。人多证明客户级别高，人多其实是好事，因为谁也没时间天天带一群人来看车。人多来看车，恰恰说明客户今天想要买车。如果客户关系处理得好，成交会很容易，也很快速。

3. 不要多树敌，要多寻求外援。作为汽车销售顾问，什么客户都会遇到，有些随行人员说话难听，不要去和客户顶撞。要广交朋友，多找外援，让这些随行人员都变成你的“战友”，帮你说话、替你分忧。

如何介绍产品才能让客户满意

作为一名销售顾问，展厅接待的时候向客户展示产品是必不可少的环节。如何才能把产品介绍好，销售顾问需要具备哪些技能，我们在本节来讲讲这个问题：

产品讲解的两个必须

（一）必须会六方位

任何汽车，无论是几十万元的品牌车，还是 10 万元以内的代步车，不管你卖什么车，作为销售顾问，首先要学会的就是六方位。六方位是销售顾问系统学习车辆知识的方法，六方位是讲车的基础，也是你和客户沟通交流的引子，不会六方位的销售顾问，也能卖车，但不能卖“好”车！

六方位是销售顾问学习产品知识的有力武器，六方位不在于背，而在于绕车讲解，要不仅仅能对着车型讲解，讲解的过程中还要不断反思自己哪里讲得不好。作为销售顾问，你也可以请同事把你讲解的视频录制下来。讲完以后，观看视频找问题。只有这样，你才能成为一个优秀的产品讲解人员。好的产品讲解能够带动客户的情绪，勾起客户的购买欲望，增强客户的购买信心。

（二）必须信仰自己的产品

我这里用了信仰这个词，不是在开玩笑。很多销售顾问虽然卖着自己的产品，但负能量很多，只要一开口就说人家的产品如何如何，人家的产品内饰好，人家的产品提成高，人家的产品更漂亮，人家的品牌更出名……

你既然做了这个品牌的销售顾问，你现在卖的车就是你的衣食父母，你靠这个养家糊口，那你必须对这个产品有信心；或者说，你要热爱你的产品，信仰这个产品。如果你自己不热爱你的产品，你在讲解产品的时候就会不坚定，也没有气场，客户听了以后也不会被你感染。

如果你疯狂的热爱自己的产品，客户也会被你的情绪和精神感染，从而对你销售的产品更加有信心。好的销售，都有一种信仰，这种信仰就是相信自己的产品永远是最适合客户的。

产品讲解的8个技巧

（一）FAB法则

FAB法则有很多个分支，如FABE、FABI等，但从根本上还是以FAB为基础做的延伸。

我们把FAB翻译过来是“功能、特点、利益”，按照中国的词语习惯，我把它叫作“因为，所以，对您而言”。

因为××汽车有什么样的功能，所以，它具备什么样的特点。对您而言，它会给您带来什么样的好处。在产品讲解上，这个方法应用的非常广。FAB的核心是能给客户带来什么样的好处，也就是说，你在讲解产品的时候，如果应用这个技巧，你就要告知客户的是这个卖点能给其带来什么样的好处。只有客户听到了对他（她）有利益的事情，他（她）才会感兴趣，才会留下印象。

例如，投射式大灯（F）；投射式大灯（A）前加了透镜，照射距离远、亮度更高（A）；夜间行车的时候更加安全（B）。按照“因为，所以，对您而言”的话术模式来讲——就是：因为我们这个车采用的是投射式大灯，在大灯前加了透镜。所以，它照射距离更远、亮度更高。对您而言，夜间行车的时候更加安全。

（二）比较法则

产品讲解的第二个技巧是比较法则。比较法则又分为对比和类比。什么是对比，什么是类比呢？

所谓的类比就是“傍大款”，也就是把自己的产品和更高级的事物进行比较，通过和高级事物的比较，让客户也认可我们这款车的价值。我们在电视上看到的很多广告其实都在采用类比这个办法，比如有的矿泉水说自己是长白山水源地的，有的说自己是某个天然湖泊的，无论是哪一种，都在和更高级的水源做对比。

在汽车销售中，我们也经常使用类比法。

比如：先生，您看，我们的保险杠采用的是航空复合材料，航天飞船都用这种材料，这种材料韧性好，恢复性很好，小磕小碰容易复原，是非常好的材质；同时，也降低了您日后的保养费用。

以上这个话术，就是典型的类比法。

对比就是比差，俗称“杀大户”，是告知客户，和同类的产品相比，我们的优势非常明显，让客户对产品有更直观的印象。

比如：先生，您好！您看我们这款车的立柱，它是由4层钢板一次性冲压而成，每层钢板的厚度都有1.2mm，现在市面上大多数车型的厚度只有0.7mm～0.8mm，钢板的厚度会让整车的安全性更高。

上面这个话术当中，用自己店内的汽车的钢板和市面上大多数车型做了一个对比，对比的结果就是优于其他车型。

（三）拟人、拟物

产品讲解的第三个技巧是拟人或者拟物，这个技巧很简单。我们很多产品卖点用词都比较专业化，有时候客户是听不懂销售顾问说的这些名词术语的。这个时候，销售顾问就要把一些客户听不懂或者客户不能直观感受到的卖点转化成客户能够听得懂、看得到或者摸得到的事物。这样一来，客户的脑海里会形成直观的印象，从而达到加深客户对此卖点印象的作用。

比如：先生，您好！您看我们这款车的立柱，它是由四层钢板一次性冲压而成，每层钢板的厚度都有1.2mm，1.2mm相当于您家里一层防盗门的厚度，现在市面上大多数车型的厚度只有0.7mm～0.8mm，钢板的厚度会让整车的安全性更高。

在上面这个话术中，我加入了一句话——1.2mm相当于您家里一层防盗门的厚度，这就是典型的拟物处理。这样一来，客户就对1.2mm有了一个直观的印象，能更好地理解车的优劣了。

如果你让一个人给你拿3升水，他往往不知道拿多少，但如果你让他拿两个大瓶可乐那么多的水，他瞬间就能知道要拿多少。原理就在于:3升水这个数字很难评估,大可乐是个实体,很容易评估。

以上都是拟物，拟人也是可以的。比如：这个方向盘是用纯正法国小牛皮包裹的，同时加入了人体工程学的设计思想，双手握着方向盘就像握着您爱人的双手（注意：这只是针对夫妇两人同时来4S店看车时才能使用的话术。另外，也要清楚客户两人的性格，如果有一人——无论男女是内向性格的，这样的话不能讲），特别厚实、舒服、可以信赖。这就是典型的拟人。

（四）五觉法：听觉、视觉、触觉、嗅觉、感觉

产品讲解的第四个技巧不是一个技巧，它更多的是一种理念，也就是我想告诉大家的是：我们在讲解一款产品的时候，不能单纯地讲。

你讲解汽车的过程，客户更多的是在听和看，那是听觉和视觉在起作用，但听觉和视觉只能让客户记住不到30%的内容。也就是说,作为销售顾问的你无法让对方对你所说的全部内容产生印象,或者产生深刻的记忆。这时，你就需要使用触觉、嗅觉、感觉这3个手段了。灵活运用五觉，全方位、立体的让客户产生印象，这有点像战争期间的各兵种协同作战，你不能只有陆军，也不能单纯是空军，要陆海空全面结合。

所谓听觉，最基本的就是你对客户说的内容，你说他（她）听，但是，还有另外一种听觉的形式，就是音乐。音乐是销售中不可或缺的一个环节。例如，在服装销售领域里，音乐的使用是非常多的，在一个中低档品牌专卖店或者类似折扣店的地方，它会播放一下节奏非常快的音乐来促进客户的购买；在一些高档品牌专卖店，它会放一些慢节奏的钢琴曲等音乐来凸显自己的品牌价值，这些其实都是在影响客户的听觉。在汽车销售领域，一般用到音乐的地方有两个场景，一个是展厅的音乐，一个是车内音乐。展厅音乐基本上全天都在播放，大家可以根据自己的品牌定位寻找合适的音乐；车内音乐一般在客户试驾试乘的时候会播放，我建议大家选择一些和你们的品牌定位相符合的音乐。

所谓的触觉，就是让客户参与进来，不能单纯地你讲他（她）听，还要让他（她）体验、感受。苹果公司在推出苹果手机后，把手机都摆在桌面上让大家来体验，这就是典型的让客户参与。后来，很多厂家都在使用这个策略，包括国内知名的小米手机，小米手机的联合创始人还写了一本书，叫《参与感》，其实也是说的这个道理。所以，在汽车讲解过程中，销售顾问要尽可能邀请客户参与进来，让客户体验。汽车销售中最大的体验方式就是试乘试驾，但除了试乘试驾，在讲解产品的时候邀请客户坐在驾驶室，邀请客户主动翻折座椅，邀请客户按一些按钮……都是体验的一部分，这种方式也能有效的加深客户对汽车的印象。

所谓的嗅觉，我强烈建议4S店的展车要干净，展车内的空间不要有任何其他的气味。很多4S店的试乘试驾车都特别的脏，车内气味也都比较难闻，这种状况的车会直接影响客户的体验，导致无法成交。有时候，细节真的会决定成败。

所谓感觉，就是你的讲解、你的接待，包括4S店的所有一切会给客户留下什么印象；同时，最重要的是，你在讲解的时候向客户传递的是什么感觉。

（五）构图讲解法

人们会因为痛苦产生需求，会因为快乐而消费。恐惧是痛苦的一种。那么，在讲解的过程中，如何让客户产生痛苦？如何让客户产生快乐呢？

构图讲解就是在客户的脑海里描述出一幅图画，让客户感受到这个画面给他（她）带来的快乐或者恐惧，这其实是感觉讲解的一种变异。

有的读者可能会问：我在讲解的过程中让客户感受快乐能够理解，让客户感受恐惧是什么意思呢？

在讲解汽车功能的过程中，有时候是需要让客户感受到恐惧的。比如说，你需要强调安全方面的功能，你就需要让客户感受到如果缺失了这种安全功能，可能会产生什么后果。

例如，销售人员想强调ESP这项功能的好处。ESP有多项功能，这些功能都能够给客户带来更安全的保障，但如果你只是说明这个功能的好处，客户是很难真正感受到ESP的好处的。这个时候，就需要用到恐惧构图：先生，您好！我们这款车安装了全新的ESP，这个功能非常的棒。它在国外属于强制安装的安全设备，在国内只有部分车型才有。它不仅能防止车辆打滑、甩尾以及刹车力量不够，而且还能防止坡起溜坡。作为一个销售汽车5年的“老销售”，我强烈建议您买车一定要买带ESP的，即使不买我们的品牌，也要买一款带ESP的车型。为什么这么说呢，我身边的朋友亲身经历了这样的事。

我朋友前段时间外出办事，开了自己以前买的车，什么品牌我就不说了，从A地去B地，走在高速公路上。那天天气不好，雨夹雪，路面特别的滑。他已经很小心了，但在高速公路的一个车多的路段，他打方向盘打的猛了一些，直接翻到了沟里。结果，整个车都报废了，人也在医院躺了很长时间，花了不少钱。

后来，我去看望朋友，他和我说：他以后再买车，一定买个安全性高的，不然遇到事情的时候才发觉的车子安全是多么重要。

自从我的朋友出了这件事情后，每次客户来买车，我都推荐他（她）买带ESP的车型，因为带有ESP的车型安全系数更高。

（六）提问式讲解法

有些时候，销售顾问会遇到一些不怎么爱说话的客户。客户比较沉默，你又不知道从哪儿打开突破口，那么，提问式讲解法就可以应用上了。提问式讲解，顾名思义就是要主动向客户提问。当然，提的问题不是客户的个人信息，而是根据产品的卖点提问。

例如：先生，您看，这是我们的品牌logo。您知道这个logo的含义吗？这个logo的寓意非常棒，非常适合您，它寓意着生意兴隆、财源滚滚，您买了咱们这款车，肯定发大财！

上面这个话术的开头，就是用提问式讲解作为引子，主动吸引客户的注意力。然后，再用卖点和卖点的含义来给客户留下深刻的印象。

（七）定标准

定标准一般应用在一些具体的卖点上，为了体现专业性，销售顾问会给客户一个标准，或者通过一个标准来达到影响客户的目的。

例如：先生，您好！这款车的离地间隙是 200mm，如果您买一款 SUV，它的离地间隙还没有达到 200mm，那不是真正的 SUV，因为好的 SUV 对离地间隙是有要求的，一般都要达到 200mm 以上的。不然，称不上真正的 SUV。

上面这个话术里，我定了一个标准，好的 SUV 的离地间隙都要达到 200mm 以上。不然，不是真正的 SUV。这个标准是我主观定下的，定下的目的是为了影响客户。

定标准的技巧很简单，在很多卖点中都可以使用，但也不能过多地使用。过犹不及，凡事有度才是最好的。

（八）数据法

很多时候，客户对大数字会更加关注，对小数字不关注。有时候，我们希望客户不要关注大数字；但有些时候，我们又希望客户要关注大数字；有些时候，我们需要大数字变成小数字；有些时候，我们又需要小数字变大数字。听起来很绕嘴，但不要纠结，我举两个例子供大家思考。

1. 大数字变成小数字

“先生，其实利息一点都不高。买这款车贷款还是很划算的，您只要每天花上 38 元钱就能开上这么好的车。38 元钱连一份好的快餐都买不到，多划算啊，您还有什么犹豫的？”

当你需要给客户算贷款的时候，如果你直接告诉他每年多花了一万多元的利息，我估计你贷款的成功率肯定不高。所以，这个时候就需要把大数字变成小数字，把大钱换成小钱。这样一来，客户更容易接受。

2. 小数字变成大数字

销售顾问：先生，咱们这个车的油耗是百公里6.8升，还是蛮节油的哦！

客户：××品牌也才7.4升，比你们多不了多少！

销售顾问：先生，这个账不能这么算。看似没有多少，但其实很多的。假如您用车一年下来的里程数是两万公里，那么，两款车对比，开××的车要多花接近2000元的油钱。这2000元也不是个小数目，都可以买一个电视了。关于油耗，您还是要仔细考虑的，一年是2000元，三年呢？五年呢？那就是小一万元了，这就亏大了。

当销售顾问需要客户重视一个小数目的时候，就需要利用时间，把小数目放大。这样一来，客户对这个数字瞬间就有了不同的反应，效果就出来了。

注意：上面讲述的技巧要灵活应用。有时候，一个话术里会用到两三个技巧，不要把技巧用死，要用活；同时，任何技巧都需要训练，大家平时都要训练，多使用这些技巧，时间长了就能常记在心了。

产品讲解的作用是什么

作为一名销售顾问，如果我问你产品讲解在销售中重不重要，可能你会用白痴的眼神看我，然后回答我："当然重要！"那我接下来问："既然产品讲解这么重要，那它在销售中的作用是什么呢？"一听到这个问题，你可能会懵，也可能说出几个作用。但想要说全面，其实并不容易。很多销售顾问每天都要讲解十几遍产品，这和我们一日三餐一样，每天都不会落下。如果我问大家吃饭的意义，大家可能会说：因为不吃饭就会饿啊。没错，饿是一种需求，但如果你只是因为饿才吃饭，那我们和那些"走上"我们餐桌的肉食动物有什么区别。吃饭的深层意义是我们希望增强我们的精力和体力，去实现人生的梦想。产品讲解和吃饭一样，也有一些深层次的作用。下面，我从六个方面阐述产品讲解的作用。

一、帮助客户了解产品

产品讲解的第一个作用，也是最原始的、最初级的作用就是帮助客户了解销售顾问所出售的这款产品的信息。通过产品讲解，你要明确的向客户传达这个是什么，这个对客户有什么用，这个产品怎么样。既要“吹”，也要“黑”，要让客户快速明白这个产品的功能、特点、好处。

二、树立产品在客户心目中的地位

产品讲解主要解决客户的两个疑惑。

第一个疑惑是“这个产品是不是我想要的,是不是最适合我的”。客户听销售顾问介绍产品的各种功能特点的时候，脑海里就不断地在盘旋：这个产品是不是符合我的需求，这个产品是不是我梦寐以求的？这就要求销售顾问在讲解产品的时候，要时刻从产品与顾客的需求贴合度出发，不断地向客户展示、介绍甚至灌输这款产品是最符合客户需求的产品。

第二个疑惑是“这个品牌在我的人际交往圈中处于什么样的口碑”。一般而言，客户对品牌的感知都是通过广告、周围人群介绍、互联网宣传等途径获得，但销售顾问的产品讲解其实也是一个很好的品牌宣传途径。如果客户很喜欢你们4S店汽车的品牌，那没有必要做太多的介绍。如果客户对你们4S店汽车的品牌有一些错误的认知，这就需要销售顾问在讲解产品的时候扭转客户的这种认知，即使不能扭转，也要针对客户的错误认知给出解释。

三、搭建销售顾问和客户之间的沟通桥梁

陌生人之间的沟通，一般都会找个大家都能聊得来的话题进行沟通。例如，如果去见一个陌生朋友，大家几乎都会从天气、美食或沟通的场所入手，寻找一个共同话题开启对话。其实，销售也是

如此。客户第一次进店，销售顾问和客户之间也是陌生人。所以，这种沟通也需要一个共同的话题，这个话题显然是产品。另外，大多数需求分析也是在产品讲解阶段完成，这个阶段我们要了解到客户想要什么，我们能给什么，说白了就是了解客户的需求，降低客户的期望值。

四、向客户展示我们与竞品之间的区别

产品讲解要向客户传递：为什么应该选择我们的汽车，而不是竞品。另外，还应强调我们与竞品之间的差异化。所谓的差异，不仅仅是区别，还要告诉客户不买竞品的理由。因为你单纯的告知差异，客户就会自己评估购买你们4S店的汽车和竞品之间的理由。如果你把不买竞品的理由也说得很清楚，客户的思考方向就变成了用什么方式买你们的汽车更划算。

五、了解客户的真实需求

客户的需求分为显性和隐性两种，这个我相信大家都明白，但如何了解客户的这两种需求，可能大多数销售顾问都会困惑。大多数需求分析都是在产品讲解环节进行的。显性需求，大家都能通过简单的提问获得，但隐形需求需要在客户给销售顾问的信息中分析出来，这里有一个关键词叫客户信息。客户给你的信息越多，你分析客户的隐性需求的准确度就越高。客户给我们的信息越多，我们就越了解客户，而客户给我们信息的多少是通过产品讲解时不断引导出来的。

六、解决客户的困惑和差异认知

这里说的困惑和差异认知是客户在日常生活中自己总结的小经验，但这个经验有时候是不对的。比如，很多客户认为涡轮增压更省油，但事实上涡轮增压比自然吸气的发动机更费油一些，这就是客户的认知偏差。还有的客户认为涡轮增压的发动机，踩上油门后起步应该“推背感”特别强，但实际上，大多数涡轮增压发动机在起步的时候都会显得比较慢，因为这与转数和介入时机有关。以上这些认知偏差和困惑，也是需要销售顾问在产品讲解的时候帮助客户解决掉的。

销售顾问讲解产品时经常犯哪些错误

上节我们讲了产品讲解的 6 个重要作用，这一节我们谈谈产品讲解经常犯的 6 个错误，我把这些错误都用因果关系标明出来，供大家更直观地了解自己的问题出在哪里。

一、产品讲解不熟练

在产品讲解中，销售顾问容易犯的第一个错误就是产品讲解不熟练。有些销售顾问认为产品讲解不重要，对于产品讲解也不重视，平时也不练，还美其名曰——不会讲解产品也能卖车。我承认：不会讲解产品，瞎猫碰死耗子，你也能卖出去几台车，但实际上，一旦你遇到较真的客户，或者对产品了解程度比较深的客户，你就很容易被这类客户打上不专业的标签。一旦不专业的标签被打上，客户就不会选择相信你，而是寻求你的上一级领导来了解产品情况。这种情况一旦发生，那你在客户眼里就变得一文不值、毫无作用了。所以，作为销售顾问，这种低级错误不要犯。

二、为了讲解而讲解

在产品讲解中，销售顾问容易犯的第二个错误是为了讲解而讲解。首先，大家明确一点：我们不是旅行公司的导游，我们是销售人员。旅行公司的导游每到一个景点都会讲解景点的典故，你作为销售，当客户对某个产品特点感兴趣时也会做介绍，但你更重要的作用是要主动、自然地向客户提问。在这里，我重点强调两个词，一个是主动，一个是自然。主动的意思是：你在讲解产品的时候不要忘记提问。如果你不问客户问题，你就很难了解客户的需求，你不了解客户需求，你就不能匹配合适的产品给客户。一旦你词语穷尽，你不知道要说什么了，客户也听得无聊至极，好的沟通不是你说多少，而是你能让客户说多少。另外，如果你不自然的提问，没有任何产品讲解作为铺垫，很容易加深客户的防备心理，导致客户不愿意回答你的问题。最后，双方陷入尴尬的境地，从而草草结束这场产品讲解。

三、讲解产品无法感染客户

在产品讲解中，销售顾问容易犯的第三个错误是不能感染客户。有些销售顾问讲解产品的时候毫无感情，也毫无激情，这样的产品介绍根本不可能吸引客户。作为销售顾问，你的语言、动作、语气，甚至表情都在向客户传递这款产品的精髓所在，如果你毫无感情，让客户认为你作为销售都对这个产品没兴趣，客户怎么能有兴趣？结果，因为你无趣的讲解，导致客户无法被你的产品打动，也引不起购买的欲望，更谈不上深入了解产品的价格等那这次接待就非常失败了。

四、不会延展式讲解

在产品讲解中，销售顾问容易犯的第四个错误是不会延展式讲解。讲某个卖点就是某个卖点，是什么就是什么，这样的讲解，销售顾问只能得 60 分。你需要做的是：在讲解卖点的时候和客户的生活、工作甚至其梦想结合起来，把卖点等话题延展开，勾起客户的谈话欲望，顺应客户的话题，不断加深和客户沟通的层次，剥开客户的心理需求面纱，从而挖掘出客户的隐性需求。大多数销售顾问只能对着产品讲产品，不会提问，显性需求问不到，隐性需求挖不出。结果，客户离开了，销售顾问一脸茫然，客户买还是不买，心里完全没有评估根据。

五、讲解毫无节奏感

在产品讲解中，销售顾问容易犯的第五个错误是讲解毫无节奏感。产品讲解和人说话一样，有些人说话就像机关枪，有些人像地震。机关枪是一秒不停，一直不停地在说；地震是一年发生不了一次，半天不和客户说一句话！

产品讲解的时候，如果销售人员语速过快，一味地讲，而且语言、肢体动作都特别强势的话，客户总想说话而说不出，甚至还会被你打断，客户的购物体验就是一个词：憋闷！想说话说不出，想表达，你又不给机会，很容易“憋死”。另外一种讲解产品无节奏的表现是销售人员讲解速度很慢，甚至半天才说一个卖点，客户还得找话题主动提问或鼓励你多讲点，结果你依然如老僧入定，慢慢讲解，客户这时候就容易“累死”。这个累不是身体累，而是听你讲解，心累！

六、客户提出异议时，不知道如何应对

在产品讲解中，销售顾问容易犯的最后一个错误是：一旦客户提出异议，销售顾问不知道怎么应对。销售顾问心中一定要有一些应对预案和话术。也许客户说的是他听到的一个传言，他（她）可能听某人或者网上说你们这款产品有什么问题，但你不知道怎么回答这种异议，选择逃避或者硬抗。结果，这个传言就让客户信以为真，反而对你们的产品失去信心。我们经常说谣言止于智者，面对异议，如果你扮演不好智者，很容易交易失败。

产品讲解不够好，如何才能快速改善

上一节我们讲了产品讲解经常犯的 6 个错误，这一节我们讲讲改进措施。这些措施是实际可操作性的方法，大家要认真学习，并且去实践。

步骤一：复盘一次

操作方法：录音 + 立刻 +10 点。

接待客户之前，打开手机录音功能，对产品讲解过程进行录音。接待结束后，立刻听录音，以客户的视角进行分析。拿出一张白纸，写出这次产品讲解有哪些值得改进的地方，至少写出 10 点。为什么写 10 点？你要吹毛求疵，要把产品讲解中的所有问题，无论大问题，还是小问题，都要找出来，把自己当作一块玉石，不断打磨自己。

步骤二：改进一次

操作方法：逐条分析 + 写出改进话术 + 纸面记录。

对于找出的所有问题，逐条进行分析，分析后写出每条改进的话术。这些话术一定要写在一个干净的本子上，而且要有时间记录，方便以后回头查看。千万不要：分析完话术也不写，纸面记录也不留。好记性不如烂笔头，写出来才是你的财富。不做记录，你下次依然还会犯同样的错误。

步骤三：使用一次

操作方法：马上讲 3 遍 + 讲完改 + 改后记录。

对于修改后的话术，要立即走到产品前，进行模拟讲解。这个时候，你可以邀请同事模拟客户，也可以自己模拟讲解，把你修改后的话术连续讲 3 遍。讲的过程如果发现问题，那就记录下来，然后讲解完毕进行修改。修改后，记录在话术的本子上。在这个过程中，最好邀请同事来给你点评，因为同事可能会从另外的角度指出你的错误，帮你改进话术，这样是最好的。

步骤四：阅读一次

操作方法：每日 + 每时 + 每刻。

对于自己改进的话术，每天早上要看一次，每天无聊的时候要看一次，每次想玩手机之前看一次。不要去背诵，就是拿出本子翻一翻、读一读。等你坚持一段时间后，这个话术就印入了你的脑海，你想忘都忘不掉，在和客户交流的时候，也会很自然地说出来，一点都不刻意。

步骤五：教学一次

操作方法：孩子听得懂 + 别人学的快。

美国的物理学家、诺贝尔获得者理查德·费曼曾经说过自己的学习方法。理查德·费曼的三步学习法是：教给孩子，查缺补漏，找个人试试。教给孩子意思是：你学的这个内容经过你的总结，如果孩子都能听得懂，那就算是掌握一大部分了，这证明你的语言非常简洁、明了。然后，把听不懂的部分查缺补漏。最后，再把这个东西教给别人，自己当老师试试看。如果别人也能快速学会，那就证明你应经彻底掌握了。这个方法非常适用于汽车销售的产品讲解练习环节。

步骤六：类推一次

操作方法：还有谁 + 罗列出来 + 马上修改。

改进措施的最后一个步骤叫类推一次，也就是举一反三。当你修改了这些话术以后，你要思考，哪些产品的哪些话术也可以这么修改，这叫作“还有谁”；然后，试着罗列出来；对于罗列出来的问题，马上进行修改。修改后，马上试试；试完之后，记录下来。这一个步骤做下来，你相当于又进入了前面的循环。

当这一个大的流程——六大步骤走下来，作为汽车销售顾问的你就会发现，自己的能力又一次得到了加强。

如何留住想要离开的客户

这一节，我们来讲讲如何留住想要离开的客户这个话题。这个话题之所以要拿出来和大家讲讲，是因为很多销售顾问都不重视客户要离开的那段时间，觉得既然客户要走了，这次销售接待也就结束了，也不再争取了。事实上，在这个阶段，如果销售顾问做一点额外的努力，成交的概率反而会成倍增加。下面，我们就来聊聊这个话题。

当客户离开的时候，对于销售顾问来讲，你自己觉得这是一次即将结束的销售活动；对于客户来讲，客户也觉得已经不需要再了解更多信息了，可以离开或者去下一家其他品牌的店面去了解了解。所以，这个时候的客户的防备心理是比较低的。

任何客户进 4S 店都会具有防备心理。客户的防备心理越强，我们获得客户真实信息的难度就越大。防备强的客户经常说一些模糊词语：还行吧，看看再说，还没考虑好，大体想买十多万元的车吧……当客户说出这些模糊信息的时候，对于销售顾问来讲，是很难判定客户的真实想法，或者其真实需求是什么的，这就会导致客户级别判定不准确，增加客户流失的可能性。所以，作为销售顾问，我们一直都在努力降低客户的防备心理，增强与客户之间的信任，但这个难度是很大的。客户准备离开店面的时候，客户的防备心理自动下降了，这是一个获取信息的绝佳机会。

我在前文中曾经单独讲过，如何让客户在店内停留更长时间，以及停留更长时间的好处。客户的时间和注意力都是有限的，如果你能更多的吸引客户的时间和注意力，那么，你成交的概率就更大，所以，无论在展厅接待的前期，还是后期，我们都在想尽一切办法，让客户能够在展厅多停留一段时间。当客户即将离开的时候，我们也需要这么做，只有让客户停留的时间增长，我们才有更多的时间来影响和说服客户，才能更快速的成交。

有些客户准备离开店面，未必是真的要离开，也可能是一种试探。比如，买卖双方对价格有争议，价格没有达到客户的心里预期，客户在这个时候就会选择试探性的离开，看看销售顾问的表现，这种情况在 4S 店会经常出现。

有销售顾问可能会问：既然是客户的试探性离开，我们为什么要留住客户呢？让他（她）离开不是更好吗？如果你对你自己的产品特别有自信，而且同城没有太多竞品的情况下，你可以这么做。但是，如今的汽车销售行业，同城竞品很多，同城同品牌的商家也很多。因此，你明明知道这是客户对你的试探，但你依然要留住客户，只不过不是答应客户提出的价格而留住客户，而是换其他的方式让客户留下来，这样能保证客户一直在你的影响范围内。

留住客户的根本的逻辑是想办法用一个引子，这个引子可能是一个话题，或者是一个道具，或者是一个邀请等，给出客户新的刺激、新的信息，或者邀请客户做出新的反馈，从而让客户产生新的交流兴趣，从而达到留住客户、开始新交流的目的。在这个循环中，所使用的引子或话题是至关重要的。因为引子和话题决定着后续的动作能不能展开，也决定着后续留住客户的行动能不能成功。如果引子和话题没有让客户产生新刺激或获得新信息，那留住客户的机会就比较小。

下面，我简单讲6个留住想要离开的客户的方法，供读者参考。

一、单页、名片法

客户在离店前，销售顾问应该叫住客户，并递上自己的名片或单页，留住客户。但是，递上名片和单页有两个需要注意的问题：第一个问题是——当你递名片或单页时，你选择站立的方位必须能挡住客户离开的路线，从路线上阻止客户的离开；第二个问题是——当你递名片的时候，你要重新介绍自己，加深客户的印象，还要问客户是否对产品还有疑虑，并说出一个独特卖点。具体话术如下所述，供读者参考。

张先生，您先别走，这是我的名片，我叫孙悟空。以后您有事可以给我打电话。另外，张先生，您对这款产品还有什么疑惑没有？咱们这款车还有一个独特的卖点，我刚才忘记说了，我得告诉您一下。

如果你递送的是单页，而不是名片，话术和名片的类似，但不同之处是你要利用这个单页，指出单页中的某个参数给客户看，告诉他（她）这个参数的意义。具体话术如下所述，供读者参考。

张先生，您先别走，这是这款产品的单页。您看下单页上这个参数就是刚才您在看车的时候特别关注的参数。另外，这个配置也很有意思，刚才我没有讲到，我简单的和您讲讲。

我们递名片或单页的核心目的并不是为了让客户多了解多少产品信息，我们的目的是重新开启新的话题，从而阻止客户离开。

二、满意度问卷法

在客户要离开的时候，销售顾问可以拿出一张满意度的问卷，通过问卷的形式留住客户。请注意：问卷并不是让客户来填，而是你对客户进行提问。在拿出问卷的时候，要事先告知客户所需时间。然后，告知问题个数。问卷的内容要经过设计，问题最多不要超过 5 个，前两个问题要设计成是否对服务、产品讲解满意，后 3 个问题要问客户是否对产品还有哪些疑虑。问这些问题不是重点，通过问问题让客户重新开始和你交流才是重点。具体话术如下所述，供读者参考。

张先生，您稍等下，我这有一份问卷，需要您帮我完成，大概需要您 5 分钟的时间。一共 5 个问题，我提问、您回答就行。感谢张先生的配合！

三、制造惊奇法

在客户要离开的时候，销售顾问可以想办法制造惊奇。制造惊奇的方法有很多种，如你可以给客户看一段视频，视频的内容可以是关于产品的制造方面的或网上评论产品的言论，或者是这款车的碰撞试验的视频。这类视频内容的选择要保证客户以前没有看过，或者很少接触过。这样一来，客户就觉得很惊奇，就会感兴趣。你也可以送给客户选车注意事项表，从选车到贷款保险再到使用车的方法，做一个简明的流程表，送给客户作为礼物。客户买车时也会迷惑，有了这个表，客户就会少走弯路，也会产生惊奇、惊喜的作用。你也可以告诉客户，这款车还有一个独特的卖点没有向他（她）做介绍,要简单的和他（她）说说这个卖点，这个方式也能给客户带来惊奇。

制造惊奇的目的和我们前文提到的关于留住客户的逻辑是吻合的，它是一个引子或话题。这个引子和话题都不是主要目的，主要的目的是销售顾问通过这个方式再次把话题延展开来，和客户重新开始新的交流。

四、赠送礼品法（制造惊喜法）

我们在上文提到了给客户制造惊奇，其实，我们也可以给客户制造惊喜。比如，赠送小礼品就能给客户带来一些意外的惊喜。很多 4S 店都会赠送礼物给客户，但送完礼物就直接让客户离开了。我们送礼物的目的并不是单纯提升满意度，送礼物的目的是为了制造一种和客户交流的良好氛围。《影响力》这本书中提到过一个原理叫互惠原理：当你给予别人一样东西时，在对方的心里，他（她）会觉得有必要对你进行回馈。所以，当你给予客户一个小礼物，你这个时候再对他（她）进行提问，那他（她）就觉得有必要给予你回馈。所以，这个互惠原理在这里的作用是：你给对方礼物，对方给你信息。当然，你这里所要提的问题事先可以进行设计，也可以配合满意度问卷、名片法当中的问题来综合使用。

五、试乘试驾邀约法

在客户离开的时候，销售顾问也可以对客户发起试乘试驾邀约。试驾邀约分为两种。一种是现场直接进行试驾，如果客户同意立即进行试驾，这就给了你另外一次交流推销产品的机会，这也相当于留住了客户。另外一种情况是客户拒绝了立即试驾，而是预约以后试驾。这个时候，你可以拿出事先准备好的试驾邀约表询问客户具体的试驾时间，主要是询问客户具体想体验哪些项目，让客户对体验的项目进行打钩。你可以借着客户的打钩项目进行提问，如客户想体验动力性，那你可以直接问问客户：是不是在刚才接待的过程中，我对发动机的讲解不到位，您是不是还有不清楚的地方，我可以重新为您进行讲解。通过试驾邀约的方法，也可以实现留住客户的目的。

六、邀约参观法

如果汽车经销店或 4S 店是以服务为立店之本的，也可以邀请客户参观下售后服务的车间、休息区和各种服务措施。一般而言，客户在购车的时候很少能接触到售后服务体系。这种邀约，客户会很感兴趣。通过让客户提前接触服务体系，可以给客户留下深刻印象。在这个过程中，销售顾问和客户对产品、服务进行深入交流，其实也是一种留住离开客户的好方法。当然，使用这个办法的前提是贵店的服务确实有独到的地方，也是你们经营的强项。在这种情况下，邀约参观售后服务体系，就是一个好方法。

以上6个方法可以搭配使用，大家要灵活运用。在留住客户的过程中，话题非常重要，好的话题能够引起客户的注意。当客户表达的时候，一定不能急迫，要耐心倾听，我们最终的目的是勾起客户的兴趣，从而开启新的交流。

如何获得客户的联系方式和更多信息

本节，我们来讲讲如何获得客户的联系方式和更多信息。现在的客户的防备心理强，不喜欢被骚扰。所以，获得客户联系方式的难度越来越大，而且，获得客户其他信息的难度也在增大。关于获得其他信息的详细方法，我们在需求分析的章节来讲，本节讲讲如何获得客户的联系方式。

一、客户不愿意留下联系方式的 4 种心态

客户不愿意提供更多信息的心理状态不外乎以下 4 种。

1. 给你信息，我的信息被泄露怎么办？

2. 给你信息，天天被你骚扰怎么办？

3. 我目前没打算购车，给你信息也没意义。

4. 我决定购买其他品牌的汽车了。所以，不想给你信息。

下面，我们就上面的 4 种客户心态逐一分析。

客户不愿意留联系方式的第一种心态是：给你信息，自己的信息泄露怎么办？现在很多商家经常倒卖个人信息，尤其在房地产领

域，一旦你买了房子，装修公司的电话就蜂拥而至。所以，作为客户，他（她）非常担心自己的信息会被不法商家利用。

客户不愿意留下联系方式的第二种情况是客户以前有过非常差的购物体验，被商家的促销电话或短信骚扰，导致客户非常烦恼。当销售顾问向客户索要联系方式时，客户以前购物的糟糕体验会让他（她）非常抗拒把信息给你，因为他（她）担心你一旦得到了信息，就会天天骚扰他（她），让他（她）再一次经历不愉快的购物体验。所以，他（她）不愿意把联系方式或者更多信息给你。

客户不愿意留下联系方式的第三种情况是客户目前就是来看看汽车，购买可能要等很长一段时间。比如10月份看车，但要到明年的3月份才会买车，现在无非就是看一看，这种情况也常见。当销售顾问索要联系方式的信息时，客户觉得自己目前还不想买，没必要现在就给你，什么时候买车的时候再说，这也会导致他（她）不想给你信息。

客户不愿意留下联系方式的最后一种情况是这个客户其实已经决定了在另外一家4S店购买汽车，或者说决定购买其他品牌的汽车了，也就不想把联系方式给你。给了你也没有任何意义。

以上这4种情况在汽车销售过程中都会遇见，很多销售顾问遇到客户不给信息，就认为是第二种情况，其实第一种、第三种、第四种情况的客户也有很多。

销售顾问在向客户索要联系方式的时候，很多时候的语言表达的逻辑上就不对。很多时候，销售顾问都是站在自己的立场上向客户要联系方式，是为了能把车卖出去。虽然没有直接表达出来，但语言上会有这种反应，这个逻辑明显是错误的。客户会想：因为我给了你联系方式，你得到了好处，那我为什么要给你呢？所以，至少你要向客户表达出：您给了我联系方式，您作为客户会获得……这才是正确的逻辑。假如一个男孩向一个女孩求婚，男孩表白的时候，应该告诉女孩，你嫁给我会得到什么样好处，如我会做饭、洗衣服、会疼人等；而不是告诉女孩：我娶了你，我会得到什么。如果你用错误逻辑表白，每次表白失败的概率都不小。

二、获得客户联系方式必须打破两个误区

销售顾问在获取客户联系方式时候，有两个误区，如下所述。

第一个误区是总认为联系方式必须是在客户要离开的时候才要。也就是销售接待结束了，才想起和客户要联系方式，这是一种误区。其实，在接待的任何阶段里，你都可以主动向客户索取联系方式，并不一定在接待结束后。

第二个误区是认为联系方式只有电话号码。其实，现在微信等即时通信方式的使用频次更高。如果要不到电话号码，能要到微信号码也是好的。不要觉得没了电话就不能邀约，我们要电话的目的是期望和客户保持长期的联系，微信等即时通信方式也能够和客户保持长期的联系。

三、获得客户信息的7种方法

（一）直入主题法

直入主题法是指当客户进店后的10分钟内，在刚开始产品讲解

的时候向客户索要联系方式。这时候索要联系方式，客户大多很难拒绝。因为刚开始看车，客户和你都不希望破坏这个氛围，但索要的方式要灵活，最好是以转发产品资料或视频为引子，向客户索要微信号码，而不是电话号码。这个时候索要电话号码，客户有拒绝的理由，但要转发视频和资料给客户，这个一般是客户没法拒绝的。

（二）信息交换法

对于客户而言，任何一次给予都应该是公平的。也就是说，我给予了你信息，你要给予我什么。很多时候，销售顾问都只是向客户索取，但从没想过要回馈。信息交换法就是要求销售顾问在向客户索要联系方式的时候，先主动给出自己的联系方式或者信息，以信息互换的形式得到客户的信息。比如，当你打算索要客户的微信号时，可以主动拿出自己的手机，告诉客户自己的微信号是多少，让客户添加一下；或者你可以直接告诉客户你的电话是多少，让客户主动保存一下。在这个过程中，都是你主动给予客户信息，并没有直接提出索要对方信息的请求。当客户接受了你这些信息以后，你得到客户的联系方式的概率就大大增加。如果你想知道客户的住址，你也可以主动告诉客户，你是某个小区的，然后问问客户是哪个小区的，这样的话，客户更愿意回答你。

（三）帮助铺垫法

我在前面提到过索取客户的联系方式未必一定在接待结束以后，在接待过程中、产品讲解过程中也可以索要客户联系方式。但是，索要客户的联系方式的名义必须是向客户提供某种帮助才好，因为向客户提供帮助是站在客户的角度，客户更愿意接受。例如，在接待过程中，客户对某个卖点有困惑，这个时候，销售顾问就可以说：您可以加我的微信号码，我把这个卖点的详细视频发给您，您回去可以自己再对比一下。这就是典型地站在客户角度索要联系方式的方法。这种提供帮助的方法，一般都应用在接待过程中，尤其是在讲解产品的时候，有很多借口或者机会要到客户的微信号码或者其他联系方式。每次要联系方式，你都要站在客户的角度告诉客户：我从您这里要联系方式，是因为我要给您某种好处。只要话术保持这个模式，就不会引起客户的警惕和反感。

（四）活动预约法

活动预约法是目前的 4S 店使用最多的一种方法。索要客户信息的时候，告诉客户是因为近期有活动，方便给对方发活动的信息和优惠政策。以前，这个方法客户比较信。现在，客户对这个方法也不感冒了，但它依然是要到客户联系方式的一种方法，比直接向客户索要联系方式效果要好很多。这个方式能否索要到客户的联系方式，完全取决于你对于活动的描述。如果你只是说未来有个活动，并没有向客户表明什么样的活动以及活动力度多大、活动时间等详细信息，客户是不愿意给你联系方式的。

（五）抽奖引诱

抽奖引诱这个方法是告知客户：公司正在组织抽奖活动，让客户将联系方式写在一种抽奖卡上，后续会有抽奖活动。如果客户中奖，可以电话通知其到店领奖，奖品非常丰富，无论购车与否都可以领奖。这个方法和前面的活动预约法一样，都要求销售顾问能够详细地说清楚抽奖的一些细节以及时间、奖品等信息，增强可信度。只有这样，客户才愿意留下联系方式。这种抽奖活动必须要做，不能只是为了骗取客户的联系方式而忽悠客户。如果中奖了，还要录下中奖视频，给客户进行展示，增强客户的信任度。

（六）礼品登记法

如果4S店内备有离店小礼品，可以赠送给客户；同时，在赠送的时候，要求客户填写礼品登记表。客户填写了礼品登记表上的联系方式，也就相当于我们要到了客户的联系方式。这种方法的好处是：因为你给予了客户一份礼物，你让客户登记联系方式，客户并不会反感。在选择礼品的时候，也要注意：最好能够根据客户的性别来匹配不同的礼物。如果礼品是固定的一种，有些客户可能未必喜欢店内所提供的礼物，这就会影响客户联系方式获取的成功概率。

（七）新车到店法

新车到店法相对比较另类，这种方法适合那些已经对汽车有一定购买兴趣的用户。有很多客户喜欢购买刚到店的新车，销售顾问以最近会新到一批车的理由留下客户的联系方式，告诉客户：板车最近就到，到时候客户可以挑选自己中意的汽车。这种方法不但能够吸引那些对汽车已经产生购买想法的客户留下联系方式；同时，也可以测试客户对该款车是否真的感兴趣。

在使用以上这些方法的时候，需要大家注意：以上 7 种方法可以搭配使用，使用的方法越多，要到客户联系方式的可能性越大。另外，从客户进店开始，销售顾问就要把索要其联系方式作为一项任务，在整个过程中进行沟通和索要，不要等到接待结束才索要。当要到客户的联系方式时，如果客户担心信息泄露或者被骚扰，就要保证联系方式等信息的使用安全性。我们在使用客户的联系方式等信息的时候，也要注意保护客户的隐私；同时，也要做到不随便打扰客户。

试乘试驾和“车友会”等活动也可以作为获得客户的一种手段，这两种方式都有一定的特殊条件。比如，试乘试驾就需要客户本身想做试乘试驾的体验，而“车友会”也需要 4S 店确实有类似的组织和活动。所以，这两种方式作为补充方法，也供大家参考。

夫妻客户意见不统一，该怎么办

对于夫妻客户意见不统一这种情况，应对的办法其实不难，一般分为以下四步应对。下面，我详细地阐述一下。

第一步：区分决策者和影响者

无论夫妻两个人的意见是什么，我们先要分清谁是决策者，谁是影响者。说白了，就是夫妻两人谁说了算。如果倾向于购买我们品牌的汽车的人是决策者，这样比较好办，只需要帮助决策者说服影响者就可以了。如果决策者倾向于购买另外品牌的汽车，这个问题就比较难办了。影响者的力量相对较小，我们借力打力虽然能起到作用，但起不到决定作用，这就需要了解决策者倾向于另外品牌的原因后再做具体分析，再想应对措施。

第二步：了解意见不统一的原因

我在第一步应对技巧中提到，如果决策者倾向于别的品牌的汽车，就需要销售顾问详细地问清楚对方之所以倾向于竞品的原因。

了解了客户的原因，你才能对症下药。否则，不知道原因，一味地想借助影响者帮你说服决策者，其实是很难的。销售顾问这时应把成交的期望放在一旁，静下心来，多和决策者沟通，引导他（她）把心中的想法都表达出来。你获得的信息量越大，你后续让客户改变决定的概率也就越大。

遇到态度坚决的客户，不要着急下结论：觉得自己搞不定。只要客户没购车，只要客户没离开，你都要想办法把这个客户“抢救”过来。

第三步：分清意见不统一中的感性及理性因素

有时候，夫妻意见不统一，妻子是决策者，而且，妻子不喜欢你们品牌的汽车的原因不是配置、功能、价格等这些理性因素，而是单纯的感性认知。例如，她就是不喜欢这辆汽车的颜色，不喜欢车的外观，这种感性因素其实最不好处理。对于理性因素，我们可以用其他方面的优势来弥补，或者向客户解释没有某个功能的原因。如果客户是因为感性因素不喜欢你们品牌的汽车，完全从个人的感官角度来看待一个它，这就需要销售顾问对于客户的感性需求表示理解，但又要耐心的引导客户，转移客户的评估角度。

第四步：利用 ACE 方法解决客户疑惑

找出了决策者和影响者，找到了双方意见不统一的原因，了解了不统一的因素是感性因素或理性因素以后，就可以针对决策人使用认可、比较、提升（ACE）的应对方法，有针对性地解答客户的疑惑。

解答理性因素，认可、比较、提升这“三板斧”就足够了。只要话术到位，谈话氛围控制得好，搞定客户应该是分分钟的事。

如果要解决客户的感性认知，那就需要“四板斧”——认可、比较、转移、提升，多了一个转移就是要转移客户的观察和评估角度，让客户从全新的角度来认识我们的汽车。

觉得自己接待客户没发挥好，怎么办

很多销售顾问在接待完客户，送客户离店后回到店里，细细想来，总觉得自己没发挥好，该说的卖点没有说，该强调的好处没有强调，该向客户提问的问题也没有问。回想自己的接待过程，销售顾问很懊恼，可又不知道怎么改善。

对于销售顾问每次接待客户都不能完美发挥，我下面从 4 个方面来分析并给出相对应的改善措施。

一、心中没有预案，喜欢见招拆招

销售顾问对于所接待的客户没做好预案，不同的客户类型应该怎么对待，心里没有基本的应对模型，大多数情况下都是见招拆招。

如果你是一个资深销售顾问，你完全有资格见招拆招；但如果你是刚入行的新人，基本的“套路”和模型一定要有。这就和我们看的武侠小说中的武林人物是一个道理，如果到了高手阶段，任何招数都可以用，无招胜有招，心中有剑、手中无剑。可是，如果你不是高手，那还是乖乖从扎马步开始学起，先把武功的固有招数学会。连固有招数都不会，那只能叫花拳绣腿!

虽说客户的种类千千万，每个客户的需求、购买能力，以及客户对产品的认知都不一样，但客户还是有一个大体类别。比如，有的培训老师把客户的类型按照动物类型划分，把客户分为鸽子、猫头鹰、老虎等类型；也有的培训老师按照《西游记》中师徒四人的性格划分；还有培训老师按照性格色彩划分客户类型。无论怎么划分，这些基本的客户类型和根据客户类型所需的应对技巧，你都要掌握。掌握了这些技巧，你才能在接待客户过程中有基本的发挥。否则，你就只能凭运气吃饭。

基本模型和销售的技巧你在百度等各大网站上及我的公众平台上都能学到，自己留点心，其实一点都不难。

二、不会掌握主动，被客户“牵着鼻子走”

有些时候，销售顾问觉得自己发挥得不好，是因为一直被客户“牵着鼻子走”，在接待过程中把主动权都交给了客户，变成了“销售答录机”，客户问什么就回答什么，不会主动引导客户，也不会主动提问。销售顾问接待完客户，自己连基本的客户信息都没有获得，自然会觉得不爽。

还有一些销售顾问是因为极其怕丢失客户，客户施加一些压力，自己就主动投降了。别说掌握主动了，全程都是看客户脸色，这种怕丢客户的心态是完全要不得的!

成功的销售是由万千个成功的小细节组合在一起的，每一步都很重要。无论是产品的讲解，还是需求分析，还是价格谈判，销售顾问都要认真学习和揣摩。除了这些技巧，销售顾问也要有一个好心态！

三、接待完客户，从不复盘

人类成长中最关键的一个步骤就是反思或者复盘，连孔子都说：三省吾身。如联想集团的企业文化中，复盘也是非常重要的公司文化。

你接待完客户，从来不反思，更不复盘。客户走了，你连深刻的反省下自己都懒得做，你也不思考刚才接待过程中出现了哪些问题，更不会记录这些问题，也不会根据这些问题寻找答案或请教高手，这就像熊瞎子掰玉米——掰一只丢一只。下次接待客户，你还是不会应对，还是会发挥不好！

四、不注意收集难缠客户类型

一些难缠的客户也会导致销售顾问发挥不好。但是，一般情况下，你自己接待的客户还是有限的，有些难缠的客户类型可能真的碰不到。但你碰不到，不代表别人碰不到。当你的同事接待客户的时候，如果他（她）遇到的客户很难缠，你就要多观察、多学习，看看你的同事是怎么应对的。或者多向销售经理和销售高手请教，问问他们曾经遇到过哪些难缠的客户类型，都是怎么应对的。你积累的案例越多，处理这些问题的技巧也就越多。遇到难缠客户时，也会更加有信心，不会出现发挥不好的问题。

如何搞定特别强势客户，让其快速购买

销售顾问每天都能碰到各种强势的客户。有的客户进店直接问价;有的客户根本对你不理不睬;还有的想拿10万元买15万元的车，还不想贷款。遇到这些强势客户，很多销售顾问都很无奈，不知道采用什么办法处理比较好。下面,我给大家讲讲怎么应对强势客户。

一、心态要好，情绪要稳

遇到非常强势客户，销售顾问自己不能乱了阵脚，心态一定要稳——任你狂风暴雨，我自岿然不动。不能因为客户说了什么，自己的心态就产生了变化，影响了情绪，导致自己接待过程中没发挥好。下面，我列个话术范例供大家参考。

先生，我就喜欢您这样的客户，做事爽快！您是爽快人，我也是，但您好歹让我先介绍下自己，给您倒杯水，咱俩坐下来慢慢聊。我给您好好介绍介绍我们品牌的汽车，同时，我也了解下您的需求，一定给您推荐一款合适的产品。

二、控制节奏，打乱客户思路

一般而言，强势客户进4S店之前就想好了怎么和销售顾问较量。对于这类客户，销售顾问一定不能随着客户的节奏走。客户说话语速快，你就要把语速降慢；客户站在车前和你交涉，你就要把他邀请到洽谈桌上坐下来；客户要求你抓紧回复，你就要"晾"他（她）一阵，让他（她）先乱了节奏。客户总是在价格或者某个问题上纠结，你就要打断客户的思路，从其他角度对他（她）进行提问。比如，客户纠结价格，你可以问他（她）颜色、保险、贷款等问题，想办法转移客户的注意力，打断客户的思路，让客户跟着你的提问或者节奏走。下面，我列个话术范例供大家参考。

先生，您别着急，买车不仅仅是价格问题。您着急问这辆车多少钱，其实意义不大。我有几个问题想问问您，咱们慢慢聊。您购买这个车，想选什么颜色的，我查查库里有没有现车。您购买这个车，是贷款还是全款，因为咱们公司对于贷款客户还有额外的优惠。您购买这个车，保险打算怎么上。保险这方面，我还需要给您做一个详细的介绍，因为不同的险种所保的范围也不一样。

三、重新了解客户的需求，给出替代方案

有些客户对自己的真实需求并不是很了解，所以，他（她）会提出一些不合理的要求。这时候，销售顾问就要耐心了解客户的需求，重新帮助客户梳理需求；同时，对于客户的一些不合理的要求找出替代方案给客户。下面，我列个话术范例供大家参考。

先生，您给的这个价格，我们确实做不到，差距太大。

先生，现在买车都是做金融分期的，咱们很多产品都是两年免息的，比您付全款划算多了。我觉得您可以用手里的钱付个首付，办个分期，不仅立即能买到合适的爱车，而且，手里的钱还可以用来做其他生意。能花银行的钱，就不要花自己的钱！

四、拒绝要狠，决策要准

对于客户提出的无理要求，该拒绝就要拒绝，不要怕因此丢失客户，患得患失的情绪只会让你失去更多的客户。所以，客户的有些要求达不到，可以直接拒绝，不要犹犹豫豫、磨磨蹭蹭。另外，有些时候，如果你认为时机成熟，或者客户确实真想购买汽车，那该降的价格就抓紧降，做决策一定要快速、准确。下面，我列个话术范例供大家参考。

先生，您提出的这个要求，我们确实做不到。而且，我敢保证：全国任何一个4S店也做不到。我特别想做成这单生意，也非常有诚意。先生，您至少也要给出个有诚意的价格才行啊！

第二章

需求分析的 11 个问题

导 读

需求分析是关键中的关键

需求分析的整体思路和框架是什么

如何通过观察来分析你的客户

如何将产品讲解和需求分析结合起来

如何挖掘和处理客户的各种信息

如何限制客户的期望值

如何使用 SPIN 方法进行客户需求分析

如何应对客户异议

为什么你的客户不着急购买

让客户心态急切，有什么方法

新人和销售冠军做需求分析有什么不同

销售顾问为什么总喜欢先下“药”

需求分析是关键中的关键

需求分析是汽车销售中最重要的一个环节，因为销售成功的前提是了解客户的需求，并且能够匹配客户的需求。优秀的产品、优秀的销售顾问都不是销售的重点，重点是你的产品是否是客户所需要的。

在所有的汽车销售技巧模块中，需求分析一直是最不好掌握的技巧模块。如果说销售的真实内涵是沟通，那需求分析是沟通中的沟通。因为销售顾问不仅仅要了解客户的需求，还要引导客户的需求，挖掘客户的需求，甚至是矫正客户的需求。

需求分析对于后续价格谈判的影响是非常大的。如果需求分析做得不好，后续的价格谈判也会出现各种问题。客户的需求没有得到彻底满足时，客户一定会在价格上进行心理补偿。所以，价格谈判的时候就会相对困难。如果用专业术语来讲，可以称之为客户购买溢价。如果客户对产品特别满意，认为产品非常符合自己的需求，客户是愿意多花一些钱来购买自己心仪的产品的，这叫做客户购买溢价。如果客户觉得这个产品不能满足自己的大部分需求，客户就会希望在价格上有所补偿。所以，需求分析做得好不好可以说是销售能不能成功的关键。

需求分析的整体思路和框架是什么

这一节，我们讲一讲需求分析的整体思路和框架。关于需求分析的思路和框架，相信做过一段时间汽车销售的销售顾问应该都有一定的了解。其实，大多数销售行业涉及的需求分析的框架都差不多，但细节技巧会有很大差异。这一节，我们讲的是需求分析的整体框架，后面几节我们会将这个框架彻底打散，去讲解框架中的每个细节和需要注意的技巧。

首先，我们要明确：什么是需求分析？需求分析到底是什么意思？其实，需求分析从字面上理解，无非就是解决两件事。第一件事是了解客户的真实需求，了解客户的需求还不够彻底，要了解客户的真实的、实际的需求。需求分析解决的另外一件事就是对客户给予我们的信息进行有效的分析，分析的目的是了解客户的购买期望值。

需求分析是客户和销售顾问之间的媒介，它其实讲的是如何搭建起信息交互的桥梁，这个桥梁叫作有效沟通。有效沟通不仅仅是语言上的沟通，还包括表情、行为、肢体动作上的沟通，有些时候甚至需要一些辅助道具来让沟通更加顺畅。大家可能理解语言、表情、行为以及肢体动作，但对于辅助道具会有疑惑。其实，像我们送给客户的小礼品、单页，甚至递给客户的一杯饮品，都属于沟通中可以应用的辅助道具。

需求分析的目的，从销售的角度讲，是希望匹配合适的产品给客户；从客户的角度讲，是希望把自己的需求向销售顾问表达出来，在有效沟通的过程中修正自己的想法和期望值，购买到自己满意的产品。

需求分析的四步法和中医上的望、闻、问、切有共通之处。中医的望，指观气色；闻，指听声息；问，指询问症状；切，指摸脉象。望、闻、问、切合称四诊，其实就是通过了解病人的各种信息，综合分析病症，从而得出结论，然后对症下药，给予病人有效的治疗。中医的这种诊治方法和我们给客户做需求分析的方法有异曲同工的意思。

我们对客户进行需求分析时，所指的“望”是对客户进行观察，如衣着、行为和随行人员、所开车辆等都是我们观察的对象，具体怎么观察，在后续的讲解中会有介绍。

我们对客户进行需求分析时，所谓的“闻”就是倾听。在需求分析中，如果说提问是确定客户真实需求的手段，倾听就是了解客户期望值的最好办法，多鼓励客户表达，多让客户发问。你听到的内容越多，你获得的信息也就越多，对客户的判断就会越准确。听客户表达时，不仅仅听到了信息，也听到了客户的语音、语调，甚至还能听出其情绪的变化，这些都能促进你销售的进程。但是，倾听也有缺陷，倾听获得的信息更多体现的是客户的显性需求，这种显性需求未必是客户决定购买的关键因素。

我们对客户进行需求分析时，所谓的“问”就是提问。提问的技巧很多。提问的主要目标是要问清客户想要什么，为什么想要，什么时候要，以及想花多大的代价要。客户购买产品时的期望值未必和他（她）自己表达一致，很有可能其期望值比表达出来的更高。通过提问，我们能够了解客户的真实需求和真实期望值，从而对客户有更全面的判断。提问和倾听最大的区别在于：提问客户获得客户的隐性需求，有些隐性需求是客户没有表达清楚的，有些是客户也没有想到的需求，这些都需要销售顾问在提问的过程中慢慢了解清楚。

我们对客户进行需求分析时，所谓的“切”就是确认——确认客户的真实需求，确认客户的核心需求，确认客户的哪些期望值是我们必须满足的；同时，也让客户确认什么是我们能给予客户的，什么是我们不能给予客户的，要让客户有一个明确、合理的了解。望、闻、问、切说起来简单，但在操作的过程中，包含了很多行动步骤和技巧，我在后面几节中会陆续阐述给大家。

如何通过观察来分析你的客户

这一节，我们来谈谈望、闻、问、切中的“望”，也就是在接待客户的过程中，如何观察客户，对客户的观察分为几个维度，分别是什么；观察时需要注意哪些问题，这些都是本节我们要探讨的话题。

我们观察客户，主要是期望通过观察了解客户的大体情况，通过观察到的信息对客户做一个初步的判断，并且找出对销售有帮助的信息。然后，我们根据这些信息找到和客户交流的切入点；同时，观察也可以让我们对已经获得的信息进行印证和判断。我们判断一个客户是否有购买能力，或者是否能迅速购买，主要取决于我们获得客户信息的多少。我们获得客户的信息越多，判定客户就越准确。

很多销售顾问在观察客户时，有 3 个错误的认知。第一个错误认知是认为观察客户这个环节只是在客户第一次进店的时候才有效，后续不需要观察。其实，在销售顾问的整个接待过程都需要不停地观察你的客户。通过你的观察，把你获得的信息和你观察到的情况进行分析、比对和辨别，从而对客户做出准确的判断。

第二个错误认知是有些销售顾问觉得观察到信息用处不大，都是外在、表面的一些信息，这其实是有片面的认知。无论信息是不是表面的，是不是真实的，在你刚接触客户的过程中，这些信息都能够给你不同的帮助。例如，假设你是一名女性销售顾问，客户也是一位女士。当你观察到客户的穿着很时髦或皮肤很好时，你就可以以皮肤及化妆品作为切入点，赞美客户年轻貌美。这种切入很容易得到客户的认同，容易拉近双方的距离，从而帮助你更快速的了解客户，解除客户的防备心。

第三个错误认知是很多销售顾问并没有学会利用所有的信息进行综合分析。很多时候，销售顾问是把这些观察到的信息割裂开分析的。如果把获得的各方面信息综合起来分析，会让你得到一个更加立体、真实的客户“画像”。所以，很多观察得到的信息，要和你后续接待过程中得到的信息放在一起综合分析才会有效果。

一般而言，我们观察客户的时候，多从衣着、眼神、语音语调、姿态表情、随行人员及步行或者开车等方面进行。观察的目的是通过以上几个维度，寻找到一些对销售有帮助的信息或者切入点。

对于客户衣着的观察，一般分为3个方面：品位、风格和整齐度。

一个人的衣着品位有时候取决于这个人的个人修养和文化水平，衣着的品位并不是单纯从衣服是否是名牌来判断，也要从搭配是否合适及颜色是否合理等方面进行观察。

衣着的风格有时候能代表着一个人的个性。例如，喜欢华丽衣服的人，一般具有强烈的自我表现欲，对金钱的欲望特别强烈；喜欢朴实衣服的人，大都性格坚韧，做事有计划，对自己缺乏信心。做事小心，很诚实，喜欢舶来品的人大多自卑但善于奉承。他们对流行很敏感，另一方面又对自己缺乏信心，借用舶来品来装饰自己。爱穿时髦服装的人，孤独感强，情绪不稳定，他们往往完全不理会自己的喜好，只向流行看齐，随着潮流走，大多没有主见。衣着的风格是判定客户性格的一种方法，但衣着风格并不能完全代表客户的行事风格。

衣着的整齐度也能反映一个人的性格是比较细腻，还是粗犷。客户性格比较细腻，他（她）会关注产品的很多方面。如果是性格粗犷的客户，他（她）可能对产品的细节不重视，更重视价格的高低。

观察客户衣着也需要注意 3 个问题。第一，不要把衣着和购买力画等号。销售顾问有时候喜欢从客户的穿着的品牌来判定客户是否具有一定的购买力，但这是不完全对的。观察客户衣着，更希望了解的是客户的性格特征，并不是客户的购买能力如何。衣着品牌和购买力有一定关系，但关系不大。很多时候，如果用这种方式判断客户的购买力，不仅会降低客户的满意度，还会因此丢失客户。第二，不要以貌取人，更不要以衣着取人。有时候，客户穿的随意、邋遢，可能与你认为的品牌客户画像不相符，但不代表着客户不是你的潜在客户，也不代表着客户不会买车，不要让你脑海里的品牌画像限制了你的思维。最后，衣着信息只是一个方面，不要把它割裂开分析，要综合后续接待过程中得到的其他信息，或者观察其他维度得到的信息，放在一起分析，才能准确分析客户。

在销售接待过程中，观察客户的眼神有重要的意义。人的眼睛会说话，客户的眼神有时候代表着客户的某种想法。比如，客户在销售顾问介绍完产品、报完价后，眼神游移不定，这证明客户在思考，内心比较犹豫，还没考虑好买不买车。如果客户告诉你其他 4S 店的价格比你更便宜时眼神却不敢直视你，那很有可能是客户心虚，他（她）说的话我们就不能全信。如果和客户确认下次到店时间或者发出试乘试驾邀约时间时，客户眼神直视并坚定地告诉你具体时间，那证明客户下次按时到店或者参加试乘试驾的可能性会很大。以上这些都是观察客户眼神给我们带来的一些启示，能够让我们更加快速地了解客户的真实想法，毕竟眼睛是人心灵的窗户。

观察客户的眼神也有一些需要注意的问题。第一，不要直视客户的双眼。我们直视双眼盯着对方的时候，会让客户觉得紧张。一般来讲，盯着客户鼻子中上方的位置比较礼貌，这会让客户不那么紧张。如果你一直盯着对方双眼，客户因为紧张反而会增强防备，为销售带来难度。第二，当我们从客户的眼神中发现一些问题时，不要立即表现出来，也不要自作聪明的表达出“我知道你是怎么想的”的意思。比如，你从客户的眼神中看出客户明显在说假话，你不能表现出一副不屑或者“我知道你说假话”的表情。当众拆穿别人，只会让结果变得更糟糕。第三，当你通过客户的眼神发现一些明显是对产品或者价格困惑的信息，要立即向客户解释，并确认客户理解了你的意思，保证你们的沟通在同一条“线”上，这种高效沟通才会加速销售进程。如果客户不理解你的意思，或者误解了你的意思，都有可能导致销售失败。

客户的语音语调也会传达关于他（她）的信息。客户的语速和语调有时候代表着客户的某种性格或者是客户想表达的某种信息。如果客户的语速快，这个客户性格可能相对比较急，是个急性子；如果语速慢，性格相对较沉稳。客户音调高的时候，证明客户非常有自信或者是对销售顾问的一种试探；客户音调低的时候，表明客户自己也不肯定，或者对某件事有自己独立的看法。

分析了客户的语音语调后，一定要和客户调整到一个“频道”——“调频”。所谓的“调频”的意思是：如果客户语速比较快，销售顾问也应该显示出果断、迅速的一面，让客户觉得双方是一类人；如果客户性子比较慢，销售顾问也要和客户保持一个节奏，客户就会觉得没有压迫感。另外，当客户通过音调高低来向销售顾问施加压力的时候，销售顾问一定要沉稳冷静，要有抗压能力，不要因为客户的语调变化而发生心态的变化。

观察客户的姿态表情也是一个好办法。客户如果表情冷漠，未必是性格冷漠，而是我们还没找到合适的切入点，让客户卸下防备的心态。如果客户比较倨傲，那可能是他（她）平时身居高位，职业和环境造就的，在接待过程中就需要你对他（她）更多的赞美和认同。温顺姿态的客户可能在选择上缺乏决断，需要销售顾问的帮助。沉默类型的客户可能防备心很强，需要我们用专业的知识让他产生认同，从而打开防备心态。

客户进店后的行为也会给我们传达出许多信息。不同的客户进店后的行为都是不一样的，有人直奔汽车而去，有人直接问价格，有人进店沉默不语，有人进店直接问有没有现车……不同的客户行为透露出客户的不同信息：有的人已经看过车，现在专门来谈价格的；有的人已经确定购买汽车，只是想了解哪个店有现车；有的人还不确定会购买，只是把某款车作为备选项。

观察客户行为的目的并不在于行为本身，而是在于行为背后所具有的意义，了解客户出现这种行为的背景因素对销售顾问来说是非常重要的。另外，在面对客户的不同的行为时，销售顾问应该准备不同的预案，做到心中有数，无论什么客户来，都有接待的预案，接待的时候就不会忙手忙脚，更容易快速进入销售状态。

客户的随行人员也是非常重要的观察对象，我在讲解展厅接待时，单独讲过不同随行人员进店的各种情况，比如夫妻进店、多亲友进店、朋友进店、组团购车进店。有时候，销售顾问不是特别重视客户的随行人员，但最后往往会败在随行人员上。随行人员处理好，会成为销售的助力，处理不好会成为阻力。

针对不同的随行人员，应对的方式是不同的。比如，多亲友进店就需要分隔处理，朋友进店需要了解朋友的意图，夫妻进店要考虑妻子的感性购买因素。如果不进行区别对待，在销售进程中就会遇到阻力。在和随行人员交流时，一定要重视随行人员给你的信息；同时，你也要引导随行人员给出更多的信息，因为随行人员的信息的真实性更高，更能够让你判别客户的购买行为。

客户来店使用的交通工具也是销售顾问需要观察分析的。客户是步行而来，这证明客户属于所辖区域附近的客户，离店面比较近。也有的是朋友开车带着客户过来的，这种情况，他（她）的朋友对车的认知就很关键，朋友很可能是客户的参谋人员。如果客户是自己开车来店看车，就要问清楚客户为什么换车，对原来的车有哪些地方不满意，客户不满意的地方正是这次购买客户强烈关注的方向。

不同的交通工具，代表的意义是不同的。大多数 4S 店都会要求销售人员在门口值台，目的就是第一时间能观察到客户来店乘坐的交通工具，这样方便观察到客户的一些行为和信息。交通工具有些时候也代表着客户的购买力和关注点，这些都值得我们在接待过程中观察和总结。

如何将产品讲解和需求分析结合起来

这一节我们来介绍如何将产品讲解和提问结合起来，提问是需求分析的一个重要手段。一个会提问的销售顾问，在了解客户需求方面更会更加有效率，也更加准确。如果单纯地向客户提问，会给客户带来很大压力，进而增加客户的防备心理。所以，优秀的销售顾问都会把提问融入产品讲解当中去，在和客户沟通产品的过程中将需求分析完成。

客户进店后，为了让客户了解产品的各方面性能，我们都会向客户进行产品讲解，产品讲解一般有 3 个目的。第一个目的是向客户展示产品的价值，让客户觉得物超所值。好的产品讲解一定要让客户觉得物超所值；合格的产品讲解是让客户觉得物有所值；最怕客户听完你的介绍，觉得产品不值钱。第二个目的是向客户展示销售顾问的专业性，这种专业性会树立销售顾问在客户心中专家的形象，从而赢得客户的信任。客户信任你，才会选择与你交易。第三个目的往往是销售顾问会忽略的，产品讲解也是和客户之间的破冰之旅。通过产品讲解，搭建与客户沟通的桥梁。我们经常被告知：

在和客户交流的过程中多聊一些产品以外的话题，增强和客户之间的联系。这时，有的销售顾问会很困惑，不知道怎么去和客户交流产品以外的话题，对要选择哪些话题交流也很迷茫。其实，产品以外的话题都是通过产品讲解延展出去的。比如，在产品讲解过程中，销售顾问通过提问了解到客户住在某个小区，而销售顾问恰好也往那个小区。这样,两人的话题可能就从产品本身转移到其他方面了。或者你了解到客户买车是用来钓鱼的，那话题自然而然就转到如何钓鱼上去了。这些其他话题的交流其实都是通过产品讲解延伸出去的，这也是为什么说产品讲解是搭建客户和销售顾问之间的沟通桥梁。

展现产品价值，成为客户心目中的专家，我相信这些能力销售顾问都具备，而如何搭建沟通的桥梁是我要给大家重点介绍的。搭建沟通的桥梁分为以下 6 个步骤。

第一步，在接待客户之前，自己心里应该有一张清单，清单上罗列着必须向客户了解的信息种类。一般而言，我们用 5W1H 就可以概括。

What——买什么配置的。

When——想什么时候买。

Where——住在哪，在哪使用。

Why——为什么购买，想解决什么问题。

Who——谁是决策人，谁是使用人。

How much——预算是多少。

5W1H 罗列的问题就是我们要向客户了解的问题。销售顾问要把 5W1H 深深的印入脑海，成为一种本能。只要接待客户，脑海里就要浮现出这些问题，然后想方设法向客户了解情况。

第二步是搭桥。第一步是接待客户之前的一种准备，而第二步是说在讲解产品的过程中如何向客户提问。我们在讲解产品的时候，第一步是描述产品的特点，接下来是功能点，这个特点具备哪些功能点。描述完功能点，接下来就要告知客户这个卖点能给他（她）带来哪些好处。最后，可能还要加上一个刺激点，告知客户他（她）为什么要选择你来进行交易。讲了这些，产品讲解算是完美结束了。但如果要搭建沟通的桥梁，你还需要加上一个引导点，通过讲解这个产品卖点可以向客户做哪些提问。大多数销售顾问在讲完刺激点以后，就以为介绍完毕了，完全没有意识把客户带到引导点上，这就导致销售顾问讲完卖点，客户没反应。销售顾问继续讲下一个卖点，客户还是没反应，直到最后冷场，陷入尴尬的氛围。

在接待客户之前，销售顾问可以做功课，罗列出一款产品必讲的 20 个卖点。然后，根据每个卖点思考其引导点应该是什么。

第三步是将必讲点和引导点结合起来，销售顾问问自己 3 个问题：我讲这个卖点时可以向客户提问哪些问题，这些问题对我的销售是否有帮助？我的提问如何才能让客户不反感？如果提问让客户反感，客户不愿意回答，甚至不喜欢，会导致前期的信任程度倒退。我提问的目的是为了获得哪类信息，我提出的问题是想获得 5W1H 中的哪类信息？

当销售顾问把上面这 3 个问题思考清楚，就有信心在接待客户时进行提问。而且，因为你经过了精心准备，真正提问时，客户也愿意回答你的问题，这样一来，你和客户就从产品讲解深入到需求分析中来了。

下面，我举一个例子给大家做个说明。

必讲点：发动机的特点、功能、好处。

思考一：在我讲这个卖点时，我可以提问客户大多在什么情况下用车。

思考二：我可以站在客户的角度，以给客户算油耗的形式来发问。

思考三：我的提问想获得客户用车的环境、谁在用车等信息。

话术事例

张先生，我们这款汽车的发动机采用的德国……

…………

张先生，我看您对发动机这么关注，是不是比较关注油耗？您主要在什么环境下用车，高速多些，还是市区多些。汽车在高速和市区的油耗不同，我这还有客户跑的实际数据，给您看看。

…………

第四步是通过获得信息进行延展交流。如果你向客户提问，客户对你的问题进行了回复，千万不要错过这个机会，要把话题延展开。很多销售顾问以为客户回答了问题，这个话题就结束了，其实不是。销售顾问要继续把话题延展开，通过客户给予你的信息，你还可以和他（她）就更多话题交流。随着话题的深入，彼此了解加深，你才能了解到客户有哪些隐性需求。一般来说，客户不会直接告诉你隐性需求，甚至有时候客户自己都没有意识到自己的隐性需求，需要在不断加深的交流中分析获得。

下面，我举一个具体的话术案例供大家参考。

销售顾问：张先生，我们这款汽车的发动机采用的德国……

…………

销售顾问：张先生，我看您对发动机这么关注，是不是比较关注油耗？您主要在什么环境下用车，高速多些，还是市区多些。汽车在高速和市区的油耗不同，我这还有客户跑的实际数据，给您看看。

张先生：我主要跑高速多些。

销售顾问：一般来说，高速油耗大概在 8L/100km 左右。买咱们的车市区代步居多，您经常跑高速，是工作原因吗？您是做什么行业的？——►延展交流。

张先生：我主要是跑业务。

…………

第五步是通过延展交流继续向客户提问。这种提问是把话题继续加深，了解客户的更多信息。信息了解越多，你对客户的判定就越准确，你才能推荐更合适的产品给客户。

下面，我还以上面的话术案例展开叙述，供大家参考。

销售顾问：一般来说，高速油耗大概在 8L/100km 左右，买咱们的车市区代步居多，您经常跑高速，是工作原因吗？您是做什么行业的？——►延展交流。

张先生：我主要是跑业务。

销售顾问：张先生，一看您就是成功人士，您做什么生意啊？——→二次提问。

…………

第六步，根据和客户延展开的话题交流，你了解了客户的一些需求，再根据需求把客户拉回到产品上来，讲解和客户相关的产品卖点，哪些功能是客户需求的，这叫作精准推荐。精准推荐的好处是让客户觉得这款产品是量身为他（她）打造的，非常适合他（她）的需求。

把产品讲解和需求分析结合起来是销售顾问必须学会的一项技能。在学习这项技能时，一定要注意：所有的引导点话术必须事先设计过，没经过设计的话术是无法获得客户的认可的。另外，在话术设计好后要进行模拟演练，模拟真实情景，找到客户可能的回答方向，再次完善话术。

如何挖掘和处理客户的各种信息

这一节，我们讲讲如何挖掘和使用客户的信息。我们在接待客户的过程中会获得客户的一些信息，我在前面给大家讲了如何去获得客户的信息，怎么设计引导点，怎么去深入交流。当我们获得这些信息后如何利用，也是一个关键问题。而且，这节所讲的信息利用，倾向于客户离店后我们根据获得的客户信息对客户做一个全面的评判和系统的分析。

需求分析说到根本其实就是客户信息挖掘和分析，从中找出对销售有帮助的信息，利用这些信息推荐合适的产品给客户。

我们在分析信息的时候一般会问自己3个问题。第一个问题是客户给了我们哪些信息，这要求我们对获得的信息进行整理。第二个问题是如何对这些信息进行甄别，因为客户说的话未必都是真话，客户给的信息未必都是真的，这需要我们分析和甄别。第三个问题是对整理过的信息进行提问，问问自己：这些信息对销售有什么帮助，怎么使用这些信息。

在分析客户的信息的时候，还要注意这些信息之间有哪些逻辑关系，最重要的是：通过信息分析要做出很多假设，这些假设不是客户给我们的，而是我们自己通过分析做出的，在后续邀约和接待过程中，我们要一一验证这些假设。如果你的假设很准确，那就证明你判断客户的能力很强，判断客户非常准确。如果你的假设都不对，这就要求你重新分析客户的信息。

分析了客户的信息后就是如何使用这些信息的问题了。根据信息，我们做出了假设。有了假设，我们就要考虑哪些话题可以作为切入点，然后在下次接待中，可以提出哪些问题来分析验证这些假设。

客户给予的这些信息对找到客户的隐性或者核心需求是否有帮助？如果还差一些信息，下次接待时，要怎么去提问？这些都是需要销售顾问认真思考的问题。

下面，我们来看一个案例，这个案例里的一些信息假设是上次接待客户获得的信息。通过这些信息的解读，大家可以思考下可以做出哪些假设，哪些话题可以作为切入点，客户的隐性需求是什么。

客户信息

客户个人信息：张先生，本市居住，有两个孩子，在工厂工作，妻子在家带孩子。

和产品相关的信息：关注发动机，安全、油耗。

客户关注的其他信息：计划贷款，保险没想好，喜欢红颜色。

结论

切入点：孩子，工作，油耗，稳定性。

假设：客户的家庭条件一般，客户关注性价比，客户对安全性考虑较多，客户妻子是主要使用者。

隐性需求：对车辆空间有需求，对主动安全配置有需求。

下次客户到店要从哪些方面验证

邀约时如何利用切入点：根据孩子和工作及油耗、稳定性等因素来设计话术。

客户来店时提问哪些问题验证假设：根据客户的家庭条件一般、客户关注性价比、客户对安全性考虑较多、客户妻子是主要使用者等因素来设计话术。

如何针对隐性需求做产品讲解：对车辆空间、主动安全配置进行详细讲解。

最后，有 3 个问题需要大家注意．

第一个问题是不要放过客户给予的任何信息，很多客户不经意说出的信息反而代表这客户的真实意图。所以，在和客户交流时要高度集中注意力，多留意客户给予的信息。

第二个问题是每个客户都是不同的，销售顾问要学会建立客户分析档案，这些档案是你成长的财富，未来能够给予你很大的帮助。

第三个问题是信息分析在最开始是一个苦活、累活，但只要掌握了方法，随着时间的推移会变得非常简单，会变成你的固有技能，这会让你在销售中如鱼得水。

如何限制客户的期望值

这一节，我们来讲讲如何限制客户的期望值。每个客户的期望值都不一样，但很多客户的期望值都高于自己的购买力，说白了就是想用最少的钱买最好的产品，这种期望值和购买力不对等的情形让销售顾问很难应对。

首先，我们必须先了解一个概念，什么是客户的期望值。客户期望值是指客户对某一产品或服务提供商能够为自己解决问题或提供解决问题的方案的能力大小的预期。这种预期是客户在参与服务体验之前就已经形成的一种意识形态，它具有很强的可引导性。

客户的期望值一般有以下 4 个来源。

第一个来源是自身经历，他（她）以前可能经历过某事件，对车辆的某个功能特别在意，这种期望值一般很难改变。

第二个来源是道听途说，也就是受周围环境影响。有车的朋友告诉他（她）什么车比较好，什么功能必须必备，或者某款车有哪些问题……这些道听途说而来的信息也会影响客户的期望值。

第三个来源是客户因为工作或者生活的变动有了新的需求，他

（她）希望车辆能够满足这类新需求。这个来源和自身经历还不一样，自身经历更强调的是某件事情对客户的影响，而新需求是客户切实有这种需求。

最后一个来源是品牌认同，这是指客户对于某些品牌有着独特的认知。比如，喜欢德系车，喜欢日系车，不喜欢某国产车品牌，等等。

我们为什么要帮助客户梳理期望值，是因为有一些客户的期望值不符合购买逻辑，如客户要求用 6 万元买一台自动挡的车，这就属于不符合购买逻辑。比如，还有的客户希望 4S 店能够帮忙弄到连号的牌照，这也不符合购买逻辑。还有一些客户是不知道自己的期望值是什么，自己也讲不清楚，说不明白。最后一种是期望值过高，期望这台车配备所有先进的技术，无论是自己需要的还是不需要的。市面上流行的技术，这台车全部配备才是最好的，这就是典型的期望值过高。所以，针对上述问题，我们要对客户的期望值进行梳理。

销售顾问在讲解产品满足客户需求的时候，会形成 3 种需求呈现：第一种是惊喜需求，这种需求是完全满足客户的期望值并给客户带来的意外惊喜。第二种是能够满足客户的期望值，也就是能够让客户基本满意。第三种是只能满足客户的一部分期望值，这叫作基本需求满足。3 种不同的需求呈现，会给客户带来不同的购买体验，也会导致交易的成功或失败。对于上述第一种惊喜需求，不是我们讨论的范畴，因为已经完全满足客户，不需要额外自己没事找事干。我们主要是就第二种期望需求和基本需求讨论怎么限制客户的期望值，让客户在购买体验上也能够达到和惊喜需求一样的效果。

首先，梳理需求，了解客户的显性和隐性需求，确认哪些才是客户最希望解决的核心需求；同时，在确认的过程中，销售顾问也要对能够满足的期望值和不能够满足的期望值进行区隔。

其次，先搁置不能满足的期望值，对能够满足的期望值进行强化。所谓的强化就是强化讲解，让客户加深印象，不仅仅是产品卖点的讲解，必要时还要进行案例说明，可以讲一个和此卖点相关的故事、案例，或者邀请客户亲自操作演示等，这些行动都是为了让客户加深印象。

最后，对不能满足的期望值进行替换，替换时要告知客户：虽然不能满足他（她）的某种期望值，但你有更好的选择给客户，而且，这个选择更加适合客户。对于替换原有期望值的卖点要进行详细的介绍，要花费大量的时间来让客户了解到销售顾问推荐的新的卖点对客户有哪些好处，必要时也要进行案例讲解、故事讲解及现场演示和试乘试驾等，目的就是改变客户的思维方式，让客户搁置原有期望值，把注意力转移到新的需求上来。

在限制客户期望值时，不能让客户反感。有时候，我们因为限制了客户的期望值，反而让客户产生逆反心理，这样就得不偿失了。另外，在推荐新的卖点时要尽量站在客户的角度上讲解，不要站在自己的角度自卖自夸，要让客户了解到你是为他（她）考虑。

最后，你不能因为客户的期望值不合理而不礼貌的嘲讽客户，这种做法只会让你快速失去客户。

如何使用SPIN方法进行客户需求分析

这一节，我们单独讲讲SPIN。SPIN这个方法在大客户销售领域使用比较广泛，但在我们汽车销售领域也可以使用。SPIN这个方法其实是一种了解客户需求的思维方式，要求销售顾问在提问的过程中设计好问题，进行针对性的提问。

SPIN是美国辉瑞普公司根据不同的销售案例开发的一项销售实战技术，中文名也可叫顾问式销售。这种技术强调的是销售人员和客户之间是共赢的关系，而不是博弈，更多的是销售人员通过不同问题的提问来帮助客户挖掘产品给他（她）带来的利益，强调这种利益给客户带来的好处；同时，也用提问的方式挖掘没有这种利益会给客户带来什么样的痛苦，这是我理解的SPIN法则的核心思想。这种技术一般适用于大客户销售或高价值产品的销售。

我们的销售人员经常会在介绍产品的过程中给客户一种要把产品强行卖给他（她）的感觉，客户进4S店看汽车都是带着一种防备的心态来的。SPIN其实采用的是换位思考的方法，更多的是通过提问来帮助客户发现自己的需求，并不断强化这种需求，从而达到让客户购买的目的。其实，说白了，前一种就是销售人员的推销，后一种是客户的主动购买，两者意义完全不同。

SPIN这个方法适合度过沟通破冰期以后使用，因为在破冰期很难进行良好的提问和暗示。所以，一般是在度过破冰期以后，客户和销售顾问进入良好沟通期，销售顾问才使用SPIN帮助客户厘清核心需求。另外，有些客户防御心态较强，对于销售顾问发起的交流不怎么配合，也不愿意做过多沟通，这种情况就不太适合使用SPIN话术技巧。所以，在使用SPIN之前，大家要明白它使用的条件和前提，任何技巧的使用都有一定的使用条件或使用前提的。

SPIN的S代表背景型问题，P代表难点型问题，I代表暗示性问题，N代表需求效益问题。

SPIN的S代表的是背景型问题，需要销售顾问利用产品讲解来对客户目前的一些状况进行提问。提问的方法，我在前文做过介绍，这里就不多讲了。交流的方式一般都采用开放式问句，因为开放式问句能够收集到客户的更多信息。不给客户设定范围，客户也会觉得回答问题很轻松。问背景型问题的目的是了解客户的购买背景，买这款车主要是基于什么样的原因。

这里，我简单举一个例子，大家还记得前文里关于引导点的讲解，我们还是以那个例子来阐述。

张先生，这款发动机采用的德国技术，功率达到××、扭矩××。——特点。

这款汽车的发动机的动力强劲，提速特别快，而且，发动机的故障率极低，在业界非常有名。——功能点。

这对您来说，既满足了您对动力的要求，使用起来也比较放心，不用担心各种小毛病。——►利益点。

张先生，您对发动机这么感兴趣，是因为平时用车对车辆的动力要求很高吗？——►引导点＋背景型问题。

SPIN 的 P 代表着难点型问题，通过背景提问分析客户目前的状况，找出客户最关心的问题。这相当于对问题的进一步深化，交流的方式一般是开放式和封闭式相结合的提问。开放式提问还是为了获得更多信息，封闭式提问是为了确认某个关键信息点，难点型提问的目的是明确客户购车想解决哪些问题。

难点型问题其实是对客户给予的信息进行甄别和确认。理清客户给予的信息是什么样的信息；同时，确认客户想表达的意思到底是不是和销售顾问思考的一样。

下面，我们还是就上述背景型问题的案例继续展开叙述，供大家参考。

张先生，您考虑汽车的动力的因素是因为经常跑高速的原因，对吗？——►难点。

您是对驾驶效率有要求，对吧？希望跑高速，动力强劲，毛病少，油耗低，对吧？——►难点甄别。

还是您对加速性能有要求？希望超车的时候加速性能好？推背感强？——►难点甄别。

SPIN 的 I 代表着暗示性问题，是根据客户关心的问题挖掘出客户最大的痛苦点。交流的方式一般是以肯定式问句和同情式问句为主，主要目的是引起客户共鸣，让客户了解自己的隐性需求，关于暗示问题，销售顾问一般会重复客户的痛苦点；同时，以肯定和同情的语气告知客户“我懂您”，并且在同情和肯定客户的痛苦时，也要暗示这个问题必须解决，不能让这种痛苦一直存在下去。

为了大家的阅读思路延续，我们还是以上面的案例阐述，供大家参考。

张先生，汽车的发动机经常出小毛病，确实让人很头痛，而且耽误事。——▸痛苦。

昨天，我一个朋友还因为这事错过了一个重要的面试。去面试，结果汽车坏路上了，昨天还和我抱怨了半天呢，您肯定也有过类似的遭遇，对吧？——▸我懂您。

所以说，买车主要看发动机，发动机不好，其他的再好意义也不大，因为发动机就是心脏。——▸怎么解决。

SPIN的N是需求效益问题，是针对客户的痛苦给予有效的支持，这种支持主要以肯定问句和鼓励问句为主，主要的目的是推荐解决客户的痛苦点的产品，让客户以后避免类似的痛苦发生。

关于需求效益问题，是向客户展示解决客户问题的答案；同时，要向客户解惑——“您为什么应该选择我”，鼓励客户做出选择——“选择我没有错”。最后，还要进行印象加深——“我的产品是唯一能够解决您问题的产品”。

为了大家的阅读思路延续，我们还是以上面的案例阐述，供大家参考。

张先生，咱们这款汽车的发动机采用的德国技术，您知道德国的技术的最大特点就是稳定、可靠、耐用，而且，故障率极低，在业界都是非常有名的。您选择这款车，完全不用担心小毛病多的问题。——答案 & 解惑。

您经常跑高速，发动机的小毛病少、耐用、动力强劲，这就能提升很大的工作效率。——肯定。

而且，您看现在市面上的主流发动机，也就是我家这款产品能做到这种程度。——唯一。

SPIN 技术其实已经不是单纯的客户分析技术了，它是销售顾问与客户进行交流的一个完整的体系。细心的读者会发现，SPIN 是递进的关系，有逻辑的递进，通过一层层的梳理，最终要客户确认自己的需求，从而达成买卖交易成交的目的。

使用 SPIN 技术时，一定要注意是在沟通破冰期结束、沟通进入顺畅期才使用。否则，会起反作用。SPIN 这个技巧需要大量的练习，先理解逻辑，再通过自己编写话术反复练习，最后就是在实战中进行应用和总结并反复提炼话术。这样，才能熟练使用。

我需要再次提醒大家一点的是：SPIN 技术对销售人员的综合能力其实要求很高，这几类问题的问法都是有要求的，需要进行反复训练，因为不经过训练的提问很容易引起客户的反感，让人感觉你是在盘问，这点请读者们千万注意。

前面，我给大家分享了什么是 SPIN 客户需求分析技术，以及这个技术在销售过程中所起的作用；同时，也强调了它的难点在哪里，但并没有详细向大家分享这个技术到底应该怎么用。下面我们就来分享SPIN技术的实战应用。

首先，大家要明确的是：SPIN是一种问答技巧，它是通过设定问答的方式和所提问题的类型来引导客户发现需求并确认自己的需求。

下面，我来举一些具体话述案例来说明SPIN这4类问题是怎么提问和逻辑递进的。

S：背景型问题，即现状问题。现状问题是客户需求分析必须要提问的，主要用来了解客户购买产品的大背景，它和后面的3种类型的问题的关联度并不是很高，主要是起到破冰的作用，而且，现状问题是比较容易提问的，客户一般也不会拒绝回答。

1. 您以前看过我们的车吗？

2. 一看您就是成功人士，这车准备近期就购入吧？我猜肯定是生意越做越大，换一台新的，您是商用还是家用？

3. 人家不都说嘛，汽车是第二个老婆，选老婆嘛，当然要选一个称心如意的，您对您的座驾有什么要求吗？——应对男性客户。

4. 汽车是耐用商品，您要长期使用，挑选一款合适您的汽车对您很重要，您对汽车有什么要求吗？——应对女性客户。

I：难点型问题，即根据现状找出客户的难点问题所在。

1. 一看您就是成功人士，您以前用的是什么车？

2. 您平时打车上班吗？购车是用来代步，是吗？

3. 您以前开的车还不错吧，有什么问题吗？

4. 一看您就是成功人士，您身边的朋友都是豪车一族吧？

5. 您家住在哪个区，工作地点和居住的地方离得远吗？

P：暗示性问题，即根据难点问题挖掘出客户的痛苦点。这里，需要大家注意的是：难点型问题一般和暗示性问题是相互融合在一起的，难点型问题在于提出问题，暗示性问题在于根据问题强化痛苦。

1. 现在交通太拥堵了，打车很不好打，尤其是雨雪天气，就更难打车了。我昨天下班，打了一个小时的车都没打到，最后走回家的，您肯定也遇到过这样的事吧？

…………

您看，被我说对了吧，您肯定遇到过，这种事情有时候真的很耽误事，有时候可能错过很重要的事情，您说是这样吧？

上面的话术展开是根据难点问题“您平时打车上班吗？购车是用来代步，是吗？”来提出的暗示性问题，并最大化的挖掘这个问题给客户带来的痛苦点。

2. 您挺有眼光的，您用过的某某车挺不错的。不过，您说的空间小的问题确实存在，估计您以前肯定遇到过不小心碰到头类似的问题吧。

…………

太佩服您了，好羡慕您啊，都换第二辆车了，以前的车是不是不符合您的身份地位了吧，您的朋友估计开的都是好车！

上面的话术展开是根据难点问题“您以前开的车还不错吧，有什么问题吗”来加以暗示，挖掘痛苦点。如果客户说以前的车没问题，就是旧了，那就用赞美加痛苦，就如同第二句话说的“太佩服您了”。

3. 您家离单位蛮远的啊。现在咱们市的交通是打车打不到，坐地铁又人挤人。您离单位这么远，每天上下班真的挺痛苦的！而且，您要是有了小孩，小孩上学的地方又在另外的方向，那您就更痛苦了，单位、家庭、学校，3个地方3个方向来回跑，您说累不累？

上面的话术展开是根据难点问题“您家住在哪个区，工作地点离居住的地方远吗？”提出的暗示性问题。

N：需求效益问题，即快乐描述。暗示性问题是让客户意识到没有这个产品时给他（她）带来的无数痛苦，但客户永远不会因为痛苦买单，他（她）一定是因为快乐才买单的。所以，需求效益问题的核心就是告诉客户，如果他（她）有了这款产品，会给他（她）带来什么快乐，这就是快乐描述。

1. 有了车就不一样了，再也不用忍受打不到车这种痛苦了。而且，您想办个事情，随时随地开车就走，多方便啊，最重要的是不耽误事情啊。周末，您还可以开车带着家人去郊外散散心、踏踏青，这才叫生活啊。

上面的话术展开是根据打车打不到的痛苦来描述有车之后的方便生活，让客户感受到有车之后的快乐。

2. 这款车的空间非常打，您坐在里面体验一下。挺不错吧，以后就不会遇到您说的问题了，空间足够用。而且，这车开出去多有面子啊，在朋友面前也不掉价啊，这才是成功人士的象征。

上面的话术展开是根据客户以前开的车所带来的痛苦描述这款车型不仅解决了他以前的痛苦点，还提升了个人档次身份。

3. 您有了车就不一样了，上下班离得远的问题解决了。而且，您接送孩子也方便，孩子和您都坐在车里，冬天不冷、夏天不热，您也方便，孩子也开心。这车，您能不买吗？

上面的话术展开是根据客户离家远不好打车、接送孩子不方便的痛苦点来描述有了车之后的快乐便利生活。

以上就是SPIN典型的提问方式的应用，而且是层层递进的，但请大家注意一个问题，我这里只是举例，在描述快乐过程中一定要和自己的产品结合起来，最好是能把产品的独特卖点加进去。这样，你的产品才有竞争力，你不仅仅要说服客户买产品，还要说服客户买你的产品，这才是最关键的！

最后，我再一次重申：要熟练运用SPIN技术需要大量的练习，这一节是给大家一个思路，希望读者们能够自己总结这4类问题的案例，反复加以练习并应用于销售实践中。

如何应对客户异议

这一节，我们讲讲如何应对客户的异议，客户异议在接待客户的过程中非常常见，处理不好就会丢失客户。

一、异议的分类

异议的类型可以分为以下几类，我在前文里简单的讲过异议，异议大体分为以下 4 类。

第一类异议是认知误区造成的。比如，有些客户有一些固有的认知，会让他（她）产生某种异议。例如，他（她）就是认为所有的德系车都烧机油，所有的日系车都省油，这就是典型的认知误区。

第二类异议是客户和销售顾问交流的过程中，由于销售顾问表达不清或者客户没听清，导致的理解误区。

第三类异议是因为客户期望值过高，产品不能满足他（她）的需求带来的异议。

最后一类异议是受竞品的影响，客户对本品产生的某种异议。

二、异议应对三不准则

无论应对客户的哪类类型的异议，销售顾问都有三不准则。

第一不：不要措辞强烈地反驳。无论客户的异议有多不合理，不要强硬地去反驳，强硬反驳的结果只会让你们之间的关系更加糟糕。

第二不：不要对客户的异议闪烁其词、回避躲闪，这只会让客户认为他（她）说的全是对的，你的产品就是有问题。

第三不：不要在问题模糊时急于辩解。一定要搞清楚客户为什么有异议，他问的问题的本意到底是什么。因为有些问题只是客户的随口一问，也有一些问题可能是你理解错误。所以，搞不清楚问题就急于辩解，反而会让事态变得不可控制。

三、应对客户异议的六大步骤

应对客户异议的六大步骤分别是：尊重，理解，确认，解释，论证，和补偿。无论应对客户的哪类异议，我们几乎都会用到这六大步骤中的一些或者全部。

对于客户提出的异议，销售顾问首先要做的就是尊重。当客户提出异议时，我们一定要对客户的异议重视。不要听到客户的异议后理都不理，继续介绍产品，这样只会让客户对于异议更加在意。在尊重客户的前提下要有耐心倾听客户的异议，不要表现出不耐烦或者不屑的神情。对客户不尊重其实就是对自己不尊重，在客户表达异议的时候，你一定要微笑倾听，并用眼神给予积极回应，表达出“我很关注您提出的问题，请您继续说下去”的意思来，这样，客户就会感受到他（她）的意见受到了重视。

在听完客户的异议以后，你要确保自己完全理解了客户的意思。所以，你需要重复客户提出的异议，问清客户是否是这个意思；如果倾听客户异议的时候，你有一些内容不是很了解，那需要你再次向客户进行询问，了解客户的真实意思。

当我们了解客户的异议以后，因为异议的类型不同，你还要确认自己完全明白客户的异议；同时，还要甄别出这个异议的类型，是客户的认知误区，还是期望值过高……甄别出类型以后，才能选择以什么方式为客户解决问题，有些问题是客户自己的认知误区，那就需要销售顾问帮助客户纠正认知错误。有些是理解误区，那就需要销售顾问重新把正确的意思讲给客户听。不同类型的异议处理的方式、方法也是不同的。

对于误解类问题或者认知类问题，不要指出客户的错误，而是要及时对误区或者误解进行解释。而且，还要主动把责任揽过来，对于自己没有表达清楚让客户产生误解而表达歉意。客户明明知道是自己理解错误，而你却将责任揽在自己身上，客户会觉得非常满意，还会心生内疚。

如果无法用语言打消客户的异议，那就需要销售顾问以实例论证，或者以故事举例，或者进行实际操作、邀请客户体验……这些动作都是为了打消客户的异议，让客户不再对异议有所疑惑。

对于一些我们无法解决的异议，我们要给予客户某种补偿。如果有些异议是因为产品的一些性能而我们确实解决不了的，这个时候就要采用替换的方式将客户关注的焦点转移，告知客户：虽然这个异议解决不了，但我们还有其他更加优秀的替代卖点，这些卖点要比客户的异议更加重要。

如果有些异议是因为我们的价格太高，这时候我们就要用价值决定论来进行补偿，告诉客户，一分钱一分货的道理：虽然我们的汽车价格贵，但贵也有贵的道理。

如果异议是因为品牌不够响亮，这就需要采用服务、品质的说辞对客户进行补偿：虽然品牌不响亮，但我们的服务是一流的，我们的品质也是一流的。

当然，还有很多补偿的说辞，我只是举了 3 个常见的例子，大家可以根据这个逻辑自行编写补偿的说辞。

为什么你的客户不着急购买

这一节，我和大家讲讲为什么你的客户总是不着急购买。在网络平台上有销售顾问问我："丁老师，我对客户的需求很了解，客户也很好打交道，但客户就是一直不下定购买的决心，总是说再看看。每次车展，我邀约客户，客户也都过来……这种客户我该怎么办？"针对这个问题，我们在这一节来详细的讲一讲。

客户拖延购买的原因可以分为内因和外因两类。

客户拖延购买的外因分别是价格因素、竞品因素、人为因素、环境因素。这些因素有时候是单一出现的，有时候是多种因素共同出现。作为销售顾问，不能只单独考虑客户什么时候购买，更应该考虑客户拖延购买背后的因素，这才是解决问题的关键。

除了上述各种外在因素的影响，其实最为关键的是解决客户拖延购买的内因，也就是如何强化客户需求。

任何客户拖延购买，其实都是需求强化不足造成的。如果客户的需求特别强烈的话，任何外在的因素都不会干扰客户的购买决定。比如，你在沙漠里渴得要命，再过几个小时，你可能会因为缺水而死。假如这时候有人要卖给你一瓶水，无论多少钱，你都会买。在这种状态下，你的需求特别强烈，你的购买欲望根本不需要外力的推动，也不会受外界因素的干扰。所以，在我看来，客户没有购买，外在的原因是受各种因素的干扰，内在的因素就是客户的需求强化不足造成的，这个要请大家明确。

上文，我们讲到影响客户的外在因素一共有 4 类，下面，我们逐一分析。

第一类是价格因素。那么，价格因素是怎么影响客户的，它的外在表现是什么呢。首先，客户推迟决策的过程中会询问关于产品的一些优惠信息，询问销售顾问是不是还有优惠的可能。另外，还可能会询问大型活动的信息，以及还能赠送哪些礼品等。以上这些都是客户对价格方面还不满意的一种表现，也就是客户希望还能再便宜一点再买。还有些客户会在言谈中提及竞品的优惠幅度更大等，这并不代表客户要选择竞品，而是客户希望购买本品的时候也能享受到更大幅度的优惠。这些现象的出现其实都说明：客户是因为价格因素而拖延购买。

面对客户因为价格因素而拖延购买，解决的办法有以下几个方法。

首先，价格谈判的时候让价要有梯次，不要让客户觉得价格还有可谈的空间。回绝客户对于价格继续降低的要求的时候，要有一定的依据和说辞，不能生硬拒绝。客户如果是因为价格因素没有购买，那很有可能是我们在价格谈判环节做得不到位，导致客户认为还有降价的空间。所以，在价格谈判环节就要避免类似的问题产生；

同时，在价格谈判时也要引导客户关注车辆的整体性价比，而不是单一的价格，在产品的讲解及价格谈判的时候就要对客户进行引导。

除了价格谈判环节，还可以利用大型活动邀约客户，邀请客户参加活动，促进成交。一般大型活动的现场氛围都比较好，很多客户受现场氛围的感染及从众心理的影响，会加速做出购买决定，从而促成成交。

另外，在客户犹豫不决的时候，小礼品有时候会成为促成交易完成的最后一击。在合适的时机送出一份小礼品，告诉客户这是你能做出的最后的一点优惠，客户反而会下定决心选择购买。因为他（她）觉得已经把销售顾问压榨到了极限，已经没有优惠的空间了。

第二个对客户造成影响的因素是竞品因素。有些客户一直做不出购买决定，可能是在竞品和本品之间做比较，还没有想好到底买哪个。在和客户沟通的过程中，客户如果主动流露出对比竞品的某个配置，或者详细询问本品的某个卖点，这些都有可能是在和竞品做比较。销售顾问在这个时候就需要对客户进行针对性提问，了解客户对比的是哪些品牌，然后再进行引导。还有一些客户会询问关于网络上本品的一些负面新闻的真假。当客户提出这种问题时，销售顾问不仅要对这些疑问进行解释和证明，也要了解客户从哪些渠道获得的信息，因为这些负面信息很有可能是竞争对手告知客户的。既然客户在意这些信息，那也就证明竞争对手已经影响了客户的购买决策。当客户以竞品的某个卖点和本品对应卖点进行比较的时候，这就不言而喻了，证明客户还没有购买的原因就是因为竞品的影响。

解决竞品因素对客户的影响的方法有很多，我列举 4 种。

第一，利用竞品应对的四不法则和 CRP 法则对客户的询问予以回应和引导。

第二，对于网上的一些负面新闻，销售顾问不能掉以轻心，要详细的解释，甚至有时候需要用实例证明。

第三，除了做到上述两点以外，在和客户交流的过程中，一定要强调本品单一卖点的独特性和唯一性。因为现在产品的同质化很严重，同级别价位的车型在基本配置上大同小异，我们一定要让客户了解都有哪些不同，也就是小异这部分。所以，要强调单一的独特卖点。

第四，除了单一卖点的强调，对于客户要进行 3 类稀缺的“轰炸”：产品稀缺，是指产品的库存有限，先到先得；时间稀缺，是指客户的时间宝贵，早做决定早节约成本；礼品稀缺是指目前还能赠送的礼品不多，送完为止。通过 3 类稀缺的“轰炸”，目的是不给客户太多思考时间，让客户快速做出购买决定。

人为因素的影响一般都是销售顾问在需求分析时，对决策人、影响人的分析不准确造成的。比如，前期和客户接触的时候，谈得都很好，可是到真正进入谈判购车时，才发现客户的妻子才是决策人，这就是典型的需求分析不到位造成的。还有一种是客户本身没有太多主意，受朋友、亲人的影响比较大，自己已经决定要购买，但朋友和亲属总是劝他（她）再考虑考虑，更有甚者劝他（她）不要购买，这也会导致客户犹豫不决。

应对人为因素，一定分清谁是决策人、谁是影响人，要邀约决策人进行交流。例如，虽然客户一直和你交流购车事项，但你了解到其实客户的妻子是决策人，那你一定要邀约客户的妻子亲自到 4S 店来看车。对于影响客户的朋友、亲属要进行沟通和拉拢，尽可能不要让他们给客户设置购买障碍。另外，客户如果受亲属的影响较大，那就要分开邀约。把客户单独邀约到店，进行分隔沟通，帮助客户做出购买决定。

最后一个因素是环境因素。人类是群体动物，很容易受到环境和周围其他人的影响，客户购车有时也是如此。比如，周围同事开的车型及车的价位、品牌也会决定一个客户的购买倾向。有时候，品牌的口碑很差，也会导致客户选择该品牌的时候犹豫不决。还有，就是特定的工作环境让客户选择车的时候也比较谨慎。比如，客户需要经常出入工地，或者经常跑高速，或者经常走山区……这时候，客户选择车辆的时候要求就比较高，无论是性能，还是安全性，就会放慢购车的步伐，选择长时间对比和了解车型。

对于环境因素，我们能做的其实并不多，因为大环境我们很难改变。但是，我们可以通过车辆的实用性和口碑或客户的喜好性等方面的讲解，让客户对产品有一个更正面的认知。另外，对于舆论口碑，虽然我们不能做出太大的改变，但至少我们可以向客户进行解释和说明。对于特殊使用环境的客户，我们要了解客户的使用环境，给出解决方案。以上这些做法都会加速客户做出购买决策。

我在前面讲过，内在因素是需求强化不够，客户购买的意愿还不够强烈，需要我们强化客户的需求。强化客户需求的办法也有 4 种，由于这个问题很重要，我们在下一节专门详细讲述。

大家在使用上述方法的时候，要注意：先解决深层次问题，再解决浅层次问题。也就是要先了解内因，解决内因后再考虑外因。

使用上述方法，不要教条，要综合使用，我给大家介绍的都是解决问题的方向，具体问题要具体分析，自己制定具体话术。

看病的关键在于诊断，而不是用药。做销售，关键在于需求分析，而不是先把产品推给客户，要根据客户的需求推荐合适的产品，帮助客户解决痛点问题。

让客户心态急切，有什么方法

我做到店辅导，访谈销售顾问的时候，很多销售顾问都提到：如果遇到几天不卖车的情况就开始着急上火，甚至嘴上起泡。我听完后，很是同情一线的销售人员，真的不容易，但你多么着急上火，其实也没啥用，客户不会因为你嘴上起泡同情你而购买汽车。你要想尽一切办法让客户着急购买，这才是解决问题的关键。

作为销售顾问，面对几天不卖车的状况，如果你一直着急下去，只会导致你的心态越来越差。如果你自己因为心急乱了方寸，面对客户，你的很多销售技巧就使用不出来，很容易丢掉客户。如果你能让客户心急，着急购买，客户肯定会加快购买决策。加快购买决策的好处还会让客户对价格不在斤斤计较，很有可能提前成交，这才是销售顾问正确的思考模式。

在讲解技巧之前，我先要告诉大家：让客户着急购买的方法论。这个方法论与两个脑有关，一个叫理性脑，一个叫感性脑。

理性脑其实是人类后天练就的，是人类经验的累积。比如，人们在做一件事时会思考很多方式、方法，权衡利弊，多方考察比较，这其实就是理性脑在起作用。人类的理性脑起的作用越大，客户在购买时的决策周期就越长。而且，比较来比较去，未必会购买你推荐的产品，你在这时候就要想尽一切办法激活客户的感性脑了。

感性脑是人类与生俱来就有的。比如，饿了身体就会有反应，渴了就会口干，看见美女或者帅哥就会分泌荷尔蒙，遇到危险就会立即规避，喜欢群体的认同……这些都是人类在自然进化中为了能在恶劣的生存环境下生存形成的大脑反馈，我们也可以把感性脑叫作情绪脑。

如果你想让客户加速决策，你必须从他（她）的感性认知出发，让他（她）喜欢、认同产品，让他（她）对产品产生某种情绪上的变化。只有这样，客户才会快速购买！这就是让客户急切购买的方法论！

让客户急切购买的第一个方法是创造产品需求旺盛的氛围。大多数汽车经销店和销售顾问在创造氛围方面做得不够好。人们都喜欢群体认同，说白了就是从众心理，大家都买，我也会买；大家不买，我也不会买。为什么各种团购会能“斩获”很多订单，因为现场创造了从众的氛围，大家发现有人买了，而且买的人越来越多，也就会跟着一起买。但是，我们不能每天在店内都做团购会吧？所以，我们还要想一些其他的办法创造氛围。比如，我们可以在店内大屏幕电视上播放客户购买的采访和交车记录，这个事先要让市场经理准备好素材，每次交车都要现场录像、采访客户，最后剪辑成视频，在店内循环滚动播放。当客户进店看到这种视频，他（她）会觉得很多和他（她）一样的人购买了这款车，这款车很热销。

创造产品需求旺盛氛围的第二个技巧是要准备好产品的购买记录，也就是销售账本。当然，这个账本肯定是道具，价格也是按照事先填写的。当客户犹豫的时候，可以给客户看购买记录，让客户了解到这款车确实好卖。

创造产品需求旺盛氛围的第三个技巧是销售顾问可以在网络上找一些证明车辆口碑好的材料，提前打印出来，放在随身的文件夹里。遇到犹豫的客户，拿出材料给他（她）看看。

创造产品需求旺盛氛围的最后一个技巧是我必须要强调的：交车仪式必须在店里。无论展厅多小，一定要在店内做交车仪式。店内做交车仪式的好处是可以让全体员工为客户祝福；同时，有音乐和鲜花的配合，会极大提升客户的满意度，再者，店内举行交车仪式对于尚在看车、还在犹豫的客户也有促进作用，也会促成客户加速购买！

让客户急切购买的第二个方法是不断强化客户痛点。客户为什么购买，一定是缺少这款产品会让他（她）产生某种痛苦或带给他（她）某种不快乐的感受。销售顾问要在需求分析中了解到客户的痛点是什么，并且要分清哪些痛点是必须反复向客户强调的。找出客户的痛点，针对这些核心痛点，做场景事例强化、具体人物案例强化、时间成本强化。

场景事例强化是指把客户的痛点和某个真实的场景结合起来，让客户切身感受到不购买产品产生的痛苦。比如，客户购买车是用来接送孩子的，那你就要描绘下雨天客户接送孩子打不到车——两个人一起淋雨的场景。这个场景客户以前也许经历过，会勾起（她）他很多不美好的回忆，这种回忆会让他（她）下定决心购买汽车。

具体人物案例强化和场景事例强化类似。场景事例强化是带客户进入某个使用场景。具体人物案例强化是介绍一个人物，讲一个发生在这个人物身上的故事，这个故事和我们的车相关，和客户的痛点相关。

比如，你可以说小明是你的朋友。小明一直不买车 ，觉得买车没用，可有一次发生的事让他彻底改变了买车没用的想法。小明的媳妇怀孕，马上要生了，大半夜怎么也打不到车，后来打电话给你，是你开车给他们送到医院的。小明媳妇当晚平安生了孩子。第二天一早，小明就去你们的 4S 店里买了一台车。因为吃过没车的苦头了，小明立即就购买了汽车。

场景事例强化和具体人物案例强化这两个强化方法其实都是讲故事，场景事例强化更偏重于把客户带入到实际使用场景，具体人物案例强化偏重于让客户感受别人购买汽车的心路历程。

最后，你还要强调客户的时间成本，告诉客户：痛点一直有，早点解决省心，不解决的成本非常高，一直看车不做决定，时间成本也非常高。通过这种时间成本的讲解，让客户明白：早做决定其实也是省钱的途径。

让客户急切购买的第三个方法是人为制造产品稀缺。人类有时候很矛盾，越是稀缺的产品就越想购买，销售顾问偶尔向客户展示产品的稀缺属性，也会让客户产生快速购买的冲动。销售顾问可以通过以下4个方式展示稀缺。

第一个展示稀缺的方式是库存清单的展示。你可以专门做一份库存清单，告诉客户，这个产品已经不多了，目前库里还有多少台。如果客户现在不买，可能会买不到，下一批车一时半会还到不了。

展示稀缺的第二个方式是其他销售顾问配合施压。当客户犹豫的时候，另一个B销售顾问跑过来问A销售顾问：你的客户是否要购买，如果不买，这台车我的客户想购买，你能不能让出来给我。这种施压也会让客户感到紧张。

展示稀缺的第三个方式是通过产品的功能建立稀缺。你可以强调你们产品的某个产品功能是独一无二的，其他品牌的产品根本没有这个功能，这其实也是一种稀缺。

展示稀缺的第四个方式是通过产品的附加服务建立稀缺。比如，现在购买的话，客户可以享受到哪些额外的优惠、额外的售后服务、额外的奖励政策等，这也会让客户快速做出购买决策。

最后，还有4个问题需要大家注意。

1. 事先做好准备：道具，话术，模拟配合

应用上述的这些技巧，需要销售顾问事先做好准备。有些道具要提前准备；有些话术要提前演练；如果需要团队配合，还要进行模拟配合。

2. 寻找使用时机，多方法并用

使用上述这些技巧时要寻找合适的时机，而且要多方法并用，不要教条，要活学活用。

3. 打好基础，走向卓越

任何技巧的学习都有个过程，不要总想着一蹴而就，要打好基础。把这些技巧练熟，后续才能越用越好，越用越流畅。

4. 营造的是氛围，而不是欺诈

营造各种让客户急切购买的氛围，一定要在合理的范围内。我们营造的是氛围，做的是生意，不能故意欺诈客户。销售技巧不等于销售欺诈。

新人和销售冠军做需求分析有什么不同

我把销售顾问分为 4 种类型：初级销售，中级销售，高级销售，销售冠军。

初级销售是指那些刚进入汽车销售行业不久且从业经验较短的销售人员。

中级销售是指进入汽车销售行业一两年的且有一定的从业经验的销售人员。

高级销售是指进入汽车销售行业两三年，汽车销售经验比较丰富的销售人员。

销售冠军是指进入汽车销售行业 5 年以上，在行业里属于领军人物。

我们这里说的汽车销售冠军并不是指每个 4S 店内销量最多的那个人，大多数 4S 店内的销售冠军其实都属于高级销售的范畴，还没有达到汽车销售冠军的水平。

我用工作年限来划分销售顾问，只是为了方便大家去分类和理解，不排除有人做了两年销售工作就达到了销售冠军的水平，也有人做了五六年的销售工作，还是中级销售的水平。

我划分销售顾问类别的更多依据是销售顾问在销售过程中如何进行产品呈现，如何进行需求分析。本节内容告诉大家的就是这个意思：初级销售卖价格，中级销售卖配置，高级销售卖价值，销售冠军卖期待。

初级销售顾问在客户进店的时候，基本上很少做需求分析，也不知道怎么做需求分析，和客户交流的话题很快就转到了价格谈判。客户不断的压价，销售顾问疲于应对。最后，客户离开后销售顾问连客户到底想买什么样的车，有什么需求点都搞不清楚。

中级销售顾问在客户进店后，会将产品的配置向客户做很好的呈现，但这类销售顾问因为不知道怎么提问，只能被动的作一个“答录机”，客户问什么就答什么。中级销售顾问对于车辆配置及功能都很了解，能够给客户一个满意的答案。但是，销售顾问不是导游，导游只需要把风景背后的故事用华丽、美好的语言诉说出来打动客户就足够了。销售顾问不仅要把车辆的功能专业地呈现出来，还要了解客户的需求，也就是要向客户问问题。如果不向客户提问，你就无法知道客户到底需要车辆的哪些功能。

高级销售顾问知道 FAB，知道 ACE，也懂得客户进店的 3 个阶段，懂得如何做需求分析，知道和客户交流的过程中要先了解客户的需求，要根据客户的需求做产品的匹配和价值的呈现，知道从客户需求的角度讲解产品并引导其体验。但是，高级销售在了解客户的需求的时候，更多的是了解客户的显性需求，对于客户的隐性需求挖掘不够，导致客户对于产品的感受是：能够满足自己的需求，但不是唯一能够满足自己需求的产品。

销售冠军会把产品当作一个支点、一个跳板、一个桥梁，通过产品的呈现，把产品和需求分析结合起来，以需求分析为主、产品讲解为辅。进行需求分析的时候，销售冠军更多的是了解客户的隐性需求，也就是客户购买者这台车的价值期待是什么，客户的痛点是什么。然后,销售冠军用产品这把“剑”,剑剑都戳到客户的痛点上。客户和销售冠军沟通完，感觉这款车是为自己量身打造的，这款车就是自己的唯一。客户觉得价格已经不是重点，重点是这款车让客户觉得必须拥有。

看到这里，肯定有人会说了：“丁老师，你说的这些我懂，我怎么样从一个初级销售顾问达到一个销售冠军的水平呢？”下面，我给大家总结了四步法：学习、使用、总结、践行，供大家参考。

一、学习

（一）学习底层知识

我们学习任何销售技巧，一定会有底层的知识作为支撑。销售技巧就像是房子上面漂亮的窗户，窗户再漂亮，也需要房子的骨架支撑。其实，不仅销售技巧是这样，人类的知识领域几乎都是这样的结构。了解窗户不重要，了解房子的骨架才是最重要的，因为知道了房子的骨架是什么样子，你就能做出各种漂亮的窗户来。

销售技巧的底层知识包括心理学、行为学及性格行为分析、情绪认知、沟通认知等。这些知识的学习，大家平时的时候可以买一些纸质的图书来看并做好阅后思考，这种知识比你学多少技巧都有意义！往往你在看这些纸质的图书的时候，书里的某些知识会让你恍然大悟——原来某个技巧的来源是这里呀！这就是底层知识的魅力所在。

（二）学习销售技巧

你在学习底层知识的同时，可以在网络上找一些关于销售技巧的文章来看，自己分析这些技巧都来源于哪些知识，依据是什么。如同上文所说，任何销售技巧一定会有一些底层知识作为支撑，好的销售技巧就像漂亮的窗户，它一定是在房子的骨架支撑上呈现出来的。如果没有支撑，这个技巧一定在销售实战中不管用。

销售技巧的学习来源有很多，比如百度文库、公众号、各大直播平台等，资源很多，大家只要认真学就可以。另外，对于销售技巧的学习而言，我建议大家多看一些行业外的销售技巧的纸质图书。比如，我们做汽车销售行业的，可以多看看餐饮行业、房地产行业等行业有关服务、销售技巧的纸质图书。这种跨行业的技巧的学习会给你很多启发，比你学习本行业的技巧有意思很多。

（三）学习他人

人类大脑里有一类神经细胞，叫镜像神经元，这类神经元的主要作用就是模仿和认知。如果你没有时间读书、学习，那你一定要学会模仿，观察你周围的资深销售顾问，看他们是怎么谈客户的、怎么做需求分析的、怎么和客户沟通价格的。

可能资深销售顾问自己也讲不清楚为啥用某种技巧和客户做沟通，但资深销售顾问一定会告诉你：这些是他（她）经验的累积，说白了就是不断碰壁、掉坑里后总结反思的成果。

对于向资深销售顾问模仿、学习，是一个新销售顾问必须要学会的本领。平时多观察、多思考，多向资深销售顾问请教，这也会让你成长的很快。

二、使用：把技巧应用到实际中

请记住一句话：任何知识或技巧，如果没有经过自己的使用和实践，没有经过自己思想和行为的转化，它们只是存在你脑海里的垃圾存储而已。对你而言，没有任何意义和价值。只有实践这些知识或技巧，才能把这些知识变成自己的技能。

无论你学到了什么样的技巧，无论你觉得这个技巧是难度高还是难度低，你都要自己亲自去实践、去使用。如果你每次看了书中讲的技巧，都骄傲地说自己都懂、都会，但就是不用，那你就是真的不懂，不懂怎么学习和成长。

三、总结：哪些地方用得好，哪些地方用得不好

在应用知识于实践的过程中，要不断地进行反思和总结。很多大公司都有类似的文化传统，如联想的复盘文化、海尔的日清文化，里面都包含着反思和改进。

很多销售顾问经常问我要话术，要一招制敌的销售技巧。其实，这种技巧从来都没有！世界上没有两个完全相同的人，也没有两个

完全相同的客户。客户不同，导致我们在使用技巧的时候也需要微调或者改变。所以，销售顾问不要拿着一个技巧当作万能钥匙，总以为能搞定所有客户。其实，你学习到的销售技巧只是敲门砖，真正属于你自己的百变销售技巧是需要你不断总结和反思得来的。

总结和反思是学习任何技巧必须要经历的步骤，在软件开发领域管这个叫迭代，在历史人文领域叫谈古看今。人类的所有进步都源于不断地总结和反思，而现在的销售顾问从来不愿意去总结和反思，大家想的都是快速搞定客户。其实，你应该想的是如何用大量的客户来磨炼自己的技能。销量也好，提成也好，只是你学习技巧的中间产品而已。所以，每次接待完客户，你都要问问自己如下几个问题。

接待这个客户，我获得了哪些信息？

接待这个客户，我用了哪些技巧？

这些技巧，我是否使用的正确？

如果再次让我接待这个客户，我要做哪些改进？

如果客户下次再来，我需要应用哪些技巧和话术？

四、践行：改进后的再应用

践行是学习销售技巧的最后一个环节，也就是将你改进的销售技巧再次应用到销售接待过程中。但是，这里面有个问题，践行不仅仅是你在销售接待中继续使用你改进的技巧；同时，你也可以把你的技巧拿出来和资深销售顾问讨论，他们会从很多角度帮你开阔视野，也会让你的技巧更加的完美，更加的合理。

有人总是觉得自己的技巧很厉害，不能和别人分享和讨论。其实，这是片面的观点。在培训领域有句话叫教学相长，每个培训老师其实都会从学员身上学到很多东西，和别人交流讨论的过程会让你成长得更快。

销售顾问为什么总喜欢先下“药”

中医都讲究望闻问切；西医给你看病的时候，先问你哪疼哪不舒服，或者直接让你做好多检查（比如拍个片子什么的），这些都叫作病情诊断。因为诊断能够了解病人的病因、病情，以及具体的生病位置，这样才能对症下药，才能药到病除。

销售顾问给客户推荐产品之前也要有个诊断的过程，我们俗称需求分析。需求分析重要吗？需求分析很重要，但我们的销售顾问其实并不喜欢需求分析，无论客户啥病，我都是一种“药”！下面，我列举几例，大家看一看自己是不是也有类似的行为。

客户：我想要一个空间大一点的车！

销售顾问：先生，这款 SUV 最适合您！

客户：我想要一个动力强劲一点的车！

销售顾问：先生，这款 SUV 最适合您！

客户：我想要一个外形好看一点的车！

销售顾问：先生，这款 SUV 最适合您！

…………

上面这些例子就如同这样一个场景：你是一个医生，无论病人得了什么病，你都让人家吃消炎药，这种做法也许能救活几个人，但大多数可能都是治标不治本。

作为一个销售顾问，我们不仅仅追求的是把车卖出去，我们更希望能获得客户的满意、客户的信任，我们甚至希望和客户成为终身的朋友。

在2010年以前，移动互联网还不是很普及，微信还没有“泛滥”到大江南北，客户可能更多的是以销售顾问的建议为主导来购买产品。但是，2010年以后，当移动互联网成为人们生活中必不可少的一部分以后，客户并不仅可以接受销售顾问的建议，他（她）还会从移动互联网上获取很多的信息和知识。所以，客户更加理性，购买产品的决策周期正在趋向两极化：极其快速做出购买决定，长期思考比较衡量。再说的直白点：销售顾问靠“忽悠”、欺骗就能取得客户信任，帮助客户做决策的时代已经过去了。所以，这就需要销售顾问的讲解更专业，服务更体贴，需求分析更精准，推荐的产品要以客户需求为导向。

最近两年，4S店的销售人员流失率很高，以前的流失都是从A品牌4S店去了B品牌4S店，现在的流失都是直接离开了这个行业，去了其他行业或者互联网的新兴行业。离开的人都在说：这个行业和以前不一样了，这个行业太辛苦了，现在的客户太不好伺候了。他们说的没有错，其实行业的变化不仅仅是时代变化的结果，也说明这个行业在走向成熟，客户也在不断地走向成熟。

从某种意义上来说，不是这个行业不好干了，而是需要我们更加的专业，把握客户的能力要更强，服务客户的水平要更高。这种更强的专业性及更高的服务水平并不是让我们阿谀奉承、趋炎附势、卑恭媚俗，而是需要我们真正走进客户的心里，真正用心对待每一位客户。

你可能会问我：怎么才能走进客户的心里呢？

那我问你：当你和别人谈恋爱时，对方是怎么走进你的心里的？你又是如何走进对方的心里的？其实，世上的许多事情，本质都是相通的。所以，如何走进客户的心里，需要聪明的读者你自己去慢慢领悟。

第三章

价格谈判的 14 个问题

导读

价格谈判不仅仅是技巧问题

价格谈判的目标是什么

客户进店直接问价格，销售顾问怎么应对

价格谈判前期要做哪些铺垫

价格谈判时，客户的亲友总搅局怎么办

怎样选择价格谈判时机及如何应对异议

同城同品牌，对方的价格更便宜，怎么办

客户觉得异地价格更便宜，怎么办

价格谈判，遇到难缠客户怎么应对

价格谈判后期，应该如何“逼单”

价格谈判的 10 种常用实战套路，你会几种

价格谈判的 8 个实用建议是什么

如何才能走出价格谈判舒适区

无论对面什么价格，我都比他低 500 元，你怎么办

车展价格谈判和展厅价格谈判差别在哪，怎么应对

价格谈判不仅仅是技巧问题

每次价格谈判，你是不是都要找经理帮忙？

每次价格谈判，你是不是都心怀忐忑？

每次价格谈判，你是不是遇到难缠的客户就束手无策？

你想知道为什么你会有这样的心态吗？是因为你不够自信？还是你能力弱？

每次价格谈判失败，面对同事幸灾乐祸的表情，你的心灵是不是受到了某种伤害？

每次价格谈判失败，望着远去的客户，白花花的银子从手边溜走，你是不是对自己有一种莫名的愤怒？

每次价格谈判失败，是不是让你越来没有勇气去和客户谈判，越来越没有信心自己去谈判？

以上的种种情绪，你都经历过吗？你觉得你在价格谈判上为什么会失败？是因为你缺乏技巧吗？如果你认为自己缺乏技巧，那我想问问你：价格谈判的技巧到底有哪些呢？

其实，你的每次价格谈判失败，都是因为你关注自己多过关注客户！

每次，你都想“钓鱼”，但你从来都没问“鱼”是怎么想的！

每次，你都期盼成交，但你从来没考虑过怎么让客户也期盼成交！

每次，你都是关注自己能赚多少钱，但你从来没考虑过客户从你这里能得到什么！

价格谈判不仅仅是技巧问题，更重要的是你要重新梳理你对价格谈判的认知理念！正所谓：道不同，不相为谋！你怎么认识价格谈判，就已经决定了价格谈判的结果是什么！

价格谈判的目标是什么

要讲价格谈判，我们首先要明白什么是价格谈判。其实，我个人不是很喜欢谈判这个词，因为提到这个词，很容易让大家产生一种博弈、对抗或者压倒对方的印象和感受。但是，真实的谈判并不都是博弈和对抗，尤其是在当今社会，各种商品（包括汽车）的价格越来越透明，人们得到的价格信息也越来越多，那种东风压倒西风或西风对抗东风的谈判戏码越来越少了。价格谈判越来越倾向于沟通、合作、协商。所以，对于价格谈判这个词，我更倾向于改成价格沟通。

价格沟通，是卖方通过商品的展示和体验，以及其他服务来向客户证明商品的价值，通过沟通、协商的方式，使买卖双方达成成交的目的。

有人说，价格谈判的目标是把产品卖出去。这样说没错，但把产品卖出去的方法有很多，比如“欺骗”等，虽然利用这种方式把产品卖了出去，但客户对于这种成交并不满意。所以，价格谈判的目标并不是单纯地把产品卖出去，价格谈判的目标是能够让买卖双方以彼此满意的方式达成交易。所以，价格谈判的终极目标是买卖双方能够双赢。但是，现实情况中，卖方希望产品的价格卖得越高越好，买方希望购买的价格越低越好，买卖双方想要达成一个满意的价格、实现双赢其实是非常困难的。有没有一种方式能够实现双赢呢？有！在说这种方法之前，我们先来看看下面这个案例。

案例情景一

小丁去沈阳的五爱市场买裤子，五爱市场是东北地区最大的商品批发市场。这个市场的商品的价格都是需要客户自己去谈的，产品的真实价格和标示价格差异很大。所以，在这种市场，价格谈判的能力显得非常重要。

小丁来到一个摊位前，问摊主：您好，这裤子多少钱？

摊主说：您要多大尺码的，我给您找一条试试看，看看好看不好看，再决定买不买。

小丁欣然同意了摊主的提议，试了裤子以后，他觉得还不错。

小丁继续问摊主这条裤子的价格。摊主说这条裤子是德国进口的面料，价格不便宜，398元一条。小丁一听这价格，明显感觉到这个价格的水分太大，转身就想走。

摊主拦住小丁就问：您好，裤子看好了没？

小丁说：价格太贵了，不值这么多钱！

摊主说：您给个价，我一看您也是诚心想买货的人，我也想早上开个张，讨个吉利。您觉得多少钱合适，出个价！

小丁犹豫了半天，开出了一个价格：100元。

摊主说：这个价格太低了，您再给加点！

小丁：加不了了。

摊主说：那您付钱吧，我去给您拿包装袋。

小丁一听摊主让他直接付钱，瞬间就觉得这条裤子自己买贵了，看裤子的眼神都变了，也不觉得这条裤子适合自己了，内心极其沮丧。

案例情景二

案例还是上面的案例，但不一样的地方是价格谈判的情景。

摊主说这个裤子是德国进口的面料，价格不便宜，398 元一条。小丁一听这价格，明显感觉到这个价格的水分太大，转身就想走。

摊主拦住小丁就问：您好，裤子看好了没？

小丁说：价格太贵了，不值这么多钱！

摊主说：您给个价，我一看您也是诚心想买货的人，我也想早上开个张，讨个吉利。您觉得多少钱合适，出个价！

小丁犹豫了半天，开出了一个价格：100 元。

摊主说：这个价格太低了，您再给加点！

小丁：加不了了。

摊主：您给的这个价格，我进货都进不来，根本没法卖，您适当的给我加点吧！

小丁：这个价格可以了，您肯定还有钱赚！

摊主说：我打电话问问我丈夫吧，这个价格确实太低了，我得问问他这裤子进货价格是多少，这个价格我可能要亏不少！

…………

摊主：我丈夫说了，如果您买两条，这个价格还行。如果就买一条，我们实在是太亏了！

小丁：价格我不能加了，能卖我就买，不能卖，我就走了！

摊主：哎呀，您这个顾客讲价真厉害！算啦，我为了开张，卖您一条吧，真是赔“死”了，裤子穿得好，下次多来照顾照顾大姐哈。

…………

小丁拿着买好的裤子，开心地走出了市场，越看这个裤子越顺眼，觉得今天这个裤子买的真值。小丁拿起电话就给朋友打了过去，告诉朋友今天买了一条不错的裤子。

请问，同一个案例不同的情景，为什么小丁的心情差异会这么大？裤子的购买价格都是100元，价格没变的情况下，是什么影响了小丁的心情？为什么第一个情景中，小丁的内心会不舒服，第二个情景中，小丁却兴高采烈地拿买裤子这件事情和朋友一起分享呢？

在前景理论中，损失厌恶是人类的行为特征之一。人们在购物过程中讨价还价，不仅仅是为了占便宜，更多时候是怕自己购买的产品价格和他人相比过高，从而产生相对损失。所以，无论是地摊上的一双袜子，还是展厅里一辆十几万元的汽车，人们都会按照自己的想法进行价格谈判。

如果一个人在买东西的时候不讨价还价，他（她）会觉得自己很愚蠢。但是，如果谈价时，卖方答应得太快，他（她）会觉得自己更加愚蠢，因为他（她）认为自己正经历某种损失。

当今的信息虽然发达，但不是每一个客户都知道（或者说大部分客户都不知道）一款产品的真正底价。所谓的价格谈判，都是建立在客户的心理预估和所获得的信息综合评估的基础上的。

所谓的心理预估是客户自己觉得这个产品值多少钱。所谓的信息综合评估是指客户通过从网络上或朋友处等各个渠道获得的产品价格信息，从而对产品的一个更加综合的价格认知。这两者结合起来，就是客户购买一件产品的价格基准线，但这个价格远没有那么精准。这个价格基准线会随着客户和商家的交流，通过对产品的了解、认知，以及商家的服务和新信息的输入等不断地进行修正。有时候，这种修正是朝着有利于商家的方向前进，有时候也可能朝着不利于商家的方向前进。销售顾问的作用就是在谈判过程中，通过各种技巧，使客户的价格基准线朝着有利于商家的方向前进。

上述案例中两个不同情景，情景一不用细分析。在情景二里，销售人员和顾客进行了几轮的价格谈判拉锯战，这让客户觉得卖方的价格已经降到了最低。所以，当卖方同意销售的时候，客户觉得自己赢得了这次谈判。第一个情景恰恰相反，销售人员在谈判过程中没有做任何干预，也没有使用任何技巧，直接同意了价格，客户基于内心的价格基准线就认为这次买贵了。所以，价格谈判中的双赢指的是：作为销售顾问，你应该通过各种价格谈判技巧让客户从心理上觉得在这次购买行为中占到了便宜，或者说没有产生某种损失，客户就会愉快地答应与你成交！

客户进店直接问价格，销售顾问怎么应对

可能每个销售顾问都遇到过进店直接谈价格的客户，这种客户的基本特征如下所述。

顾客进店后直奔某辆汽车而去。

顾客：这个车现在多少钱，有什么优惠？

销售顾问：先生，这个车目前是 129800 元，赠送大礼包！

顾客：这个价格太贵了，能便宜点吗？

销售顾问：先生，您以前看过这个车吗，这个车的价格已经很优惠了。

顾客：我就问你能便宜不，这个车我早就看好了，价格在其他地方我也问过。你就告诉我，你最低能做到多少钱，如果便宜，我就买；不然，我就去别的地方提！

…………

我相信上面的这个场景，大家一点都不陌生，每个销售顾问都遇到过。很多销售顾问一遇到这类客户就不知道怎么处理了，有一

些销售顾问尝试着去处理，可得到的结果并不好。所以，这算是一个让销售顾问比较头疼的场景。

很多时候，你遇到直接进店问价且性格又特别强势的客户，你就不知道怎么办了，直接找到经理，让经理出来搞定。你越是这样，你就越应对不好这类客户。最后,这种类型的客户就成了你的心魔!

对于进店直接问价的客户，我先要送给大家一句话：客户谈价格不等于客户准备购买!

你在学习销售技巧，客户也在学习购买技巧，大家都在进步。不要很天真地认为：客户上来谈价就是购买，很有可能客户问完底价，连理你都不理你。最后，车虽然买了，但不是在你这买的。所以对于直接来问价的客户要保持心态平静，不能听风就是雨!

首先，我们先要分析进店直接谈价格的客户有哪些可能的情况。一般进店的客户问价，有如下 3 种情况。

第一种情况，客户在网络上看过车，但没去过其他店面；可能打过电话，或者给其他城市的 4S 店打过电话，来店里就是谈价格的。

第二种情况，客户在同城的其他店面问过价格了，没达到心理预期，想来你这里利用店面之间信息不互通且相互之间博弈的心理，打个擦边球，利益最大化。

第三种情况，客户根本不知道价格，来店里只是想了解这款车的最低价，了解了以后再去评估是否购买!

1. 第一种情况分析：客户只是在网络上看过价格，并没有去过其他店面，只是想刺探价格而已。

2. 第二种情况分析：客户在其他地方询问过价格，来店里问最低价，希望能够以最低价购买汽车。

3. 第三种情况分析：客户不知道价格，只是来忽悠销售顾问，目的是得到最低价的信息，然后再评估是否购买。

现实中，以上3种情况都有可能。所以，应对这类客户，我们第一要判明客户的真伪，说白了就是要了解客户到底是以上3种的哪种情况。

辨别客户真伪的方法有以下几种。

直问法。直接向客户询问，客户是不是看过这款车，看的是哪个型号。这款车的型号很多，具体看的哪一款及什么颜色的等。通过对细节的询问，了解客户对车辆的熟知程度，从而判断客户的真伪。

诱导法。对于客户说自己看过车了，就是要知道最低价是多少，可以采用误导法。比如说，如果客户说在另外一个店看的，那就说是不是在淮西路那个店看的（其实，真正的店面在和平路）。通过这种方式来确定客户的真伪。也可以说，你认识另外一个店的所有销售顾问，通过询问销售顾问的姓名或销售经理的姓名来判定真伪。比如，你可以问：接待您的销售经理是不是姓张（其实姓刘）。

反问法。当客户特别强势的时候，可以用反问方法。客户说多少钱能卖，你可以问：您想多少钱买，您说个价，看看我能不能接受。

通过反问法，转换客户的思路，从而赢得主动。

了解了客户的真实情况以后，下一步就要针对不同的客户实施不同的应对策略。

1. 如果客户所说的是假的，对产品也不了解，那就要把客户稳下来，告诉客户价格好商量，但这个车一些特点和功能还是要让他（她）简单了解下，这样方便他（她）更好地做出购买的决定。

2. 如果客户说的是真的，要告诉客户：价格需要销售经理来定。但是，在确定价格之前，有些内容还需要和客户确认。

对于真实的客户，确实也在其他地方看过询价的车，或者在网上了解过询价的车，我们也有3种方法来转移客户的注意力。

1. **提问法**。提出客户一些不知道的小功能特点，问客户这款车的一些特殊的小卖点，这个可能客户没有了解过。你通过这种提问方式让客户重新认识这款车，也转移了客户在价格方面的注意力。

2. **优惠政策介绍法**。邀请客户坐下来，介绍优惠政策，这个优惠政策是你们店独有的。价格好商量，但优惠政策你要让客户知道全部内容。客户一听到有其他优惠，会愿意坐下来和你交流的。

3. **询问细节法**。不着急谈价格，可以多问问客户喜欢什么颜色的车，贷款、保险怎么走等成交的细节。通过细节的问询，你能了解到这个客户处于什么级别，到底什么时候想买。如果近期想买车，问客户肯定会考虑过的细节问题;如果你问细节,他（她）都不清楚，证明这个客户近期购车的概率不大。而且，通过问细节也是在转移客户的注意力。

除了判明真伪，销售顾问在接待进店直接问价的客户的时候，以下的错误不能犯。

1. 什么话都信，一听价格，马上找领导。

2. 心急，特别想成交，把客户当作高级客户。

3. 不知道怎么应对，慌神了。

4. 把底价快速地露出去，没保留。

第一种错误：客户的什么话都信。一听价格低，或者客户说同城其他店很便宜，很愤怒，直接找领导，告诉领导：竞争同行又降价了，您看怎么办。有些领导也不冷静：对方降，我们也降，不用怕。结果，以很低的车价就让客户提车了，利润没有了。

第二种错误是心急。见到客户问价，就以为是高级客户，什么优惠都放，什么条件都敢承诺，和客户聊了半天，可最后客户没有购买！

第三种错误是遇到强势客户，心里慌了，价格也不会报了，产品也不会讲了，有些手足无措了，完全承受不住客户施加的压力。

第四种错误是一听客户说价格，厌烦谈价的过程，也讨厌使用各种谈判技巧，直接告诉客户：我们的车最低价是多少钱，您能买就买，不能买就走人。

最后，我要告诉我们的销售顾问，针对这种客户，我们需要注意以下几个点。

第一，稳住心态。心态越急越容易被客户抓住漏洞，也很难卖个好价格。所以，稳下来，别怕丢客户。丢客户不可怕，可怕的是你没经过这种锻炼，永远不知道怎么应对这种客户。

第二，客户的话不能都信。客户也有防备心理，所以要去验证客户的一些信息。

第三，要向客户明确表达：价格可以谈，但我要先确定您的需求。否则，谈价也没意义。

第四，要讲自己店面的优势和差异化。同价位的车，我们的服务比别的店强在哪？我们的车比别的店贵两千元，我贵的道理是什么？这些优势或差异化，要向客户讲全、讲透。

价格谈判前期要做哪些铺垫

很多销售顾问理解的价格谈判是从客户做出购买决定并向销售顾问询问价格开始的，但销售是一个整体过程，不要割裂地看问题。销售从来不应该分哪个阶段，分阶段是为了让大家更容易理解销售。所以，价格商谈并不是进入价格谈判这个阶段才开始的，而是客户一进店就已经开始了。

一、影响价格谈判的因素

价格谈判并不是单纯地指客户决定购车后双方在价格上的相互博弈。客户对汽车价格的判定是由购买能力、品牌影响、性价比、销售顾问推荐、口碑、从众心理等多方面因素构成的。

（一）品牌影响

有的客户很看重品牌。比如，同样配置的车型，如果这款车是国产的，那这一款车在客户心里的评估可能只能卖个 10 万元；如果是宝马、奔驰等品牌，这款车在客户心里的评估的价格可能就是几十万元。同样的配置之所以会带来不同的评估价格，就是因为汽车品牌影响力的不同。

（二）性价比影响

产品性价比就很好理解了，越来越多的客户的消费观变得更理性，他们对产品的性价比很看重，对于汽车的性能、价格、品牌要做综合比对。这样，也会影响客户的价格评估。比如，客户觉得这款车品牌不错，但配置太低，那他（她）就有可能在价格谈判中压低价格，来弥补配置低给他（她）带来的心里落差。

（三）购买能力影响

有的客户可能很喜欢某款车，但购买能力不足，要退而求其次。所以,有些时候你推荐的车,他（她）未必购买就是因为购买力不足。但是,有些客户还不甘心,总想在购买的另外一款车上找平衡。比如，要求价格必须低，必须送赠品等。这其实就是购买能力和心理期望有落差造成的，这种心理落差也会影响价格谈判。

（四）从众心理影响

另外，大家都认可一款车的时候，人们就会盲目地跟随。这种群体无意识的跟风，可以说是从众心理；也可以说是客户在觉得自己不专业的情况下，相信大家的选择就是最好的选择。这种从众的心理也会影响价格谈判的走向。

（五）销售顾问推荐影响

销售顾问对于客户的影响也很关键。比如，同样的产品，不同的销售顾问讲解，有的销售顾问就能讲出让客户觉得物超所值的感觉来，及格的销售顾问能讲出物有所值的感觉，差的销售顾问只能讲出不值钱的感觉。所以，销售顾问对于产品价值的演绎也会影响客户对于这款车的评价，从而导致客户对于价格的锚定不准确，影响价格谈判。

以上这些都是影响价格谈判的因素，而且，这些因素并不是发生在价格谈判时，而是发生在价格谈判前，这也就是我为什么要告诉大家：价格谈判的前期铺垫很重要。

二、客户产生购买产品的意愿

客户产生购买产品的意愿，从心理分析的角度可分为起心、动念、做决定 3 个阶段。

第一个阶段是起心，客户为什么想购买一台车，一般会有两个方面的因素：一个是自我需求的满足，觉得自己物质条件可以了，别人有的我也要有；还有就是因为环境的刺激，周围的人都有，或者在某次事件中突然发现汽车必须要有。例如，我有个朋友孩子晚上发烧，半夜 12 点去医院，打不到车，最后不得不给他哥哥打电话，让他哥哥从八九公里外的另一个小区开车过来帮忙。第二天，朋友就去 4S 店买了一台车，这就是典型的环境刺激。

有了起心就是动念了。我们还是拿我朋友举例，他想买车，有了这个心思，但还要评估自己的购买能力。手里一分钱没有，只能想想而已。如果手有余钱，还要考虑能拿出多少钱来买车，这就是购买能力评估。在评估的过程中，还涉及理性的思考——买车到底用处大不大，或者感性期待——有了车可以做哪些事情等。在这种心理活动下，客户才开始正式进入选车阶段，从网络上或 4S 店里寻找自己的中意车型。

客户在不断寻找自己中意车型的过程中，就会慢慢开始做决定。做决定，一般都会受客户自身对产品的认知的影响。比如他（她）自己了解哪个品牌，喜欢哪个品牌。另外，还受环境的影响。这个环境是个大的概念，比如家人、朋友、销售顾问、同事等，这也会对他（她）的决定产生影响。

销售顾问一般做价格铺垫的时候，都是在做决定这个阶段。一般而言，在起心和动念阶段，我们是影响不了客户的。

三、前期铺垫前的 4 个了解

价格在做谈判前期铺垫前，我们一定要做到 4 个了解。

第一个了解是了解产品。如果你对你们的产品都不了解，你就很难为客户描绘这个产品的价值，客户听了你的介绍也不会觉得很满意。产品价值没有体现，价格谈判时，客户就会认为这个车不值钱。

产品了解了以后，还要了解自身的品牌。品牌的历史、故事，包括这个品牌在客户心目中的形象，这些是你和客户交流的谈资。品牌宣传好了，会改变客户对品牌的原有的一些错误认知，免得在价格谈判时客户对品牌的思考角度不正确。

第三个了解是了解库存。很多销售顾问从来不关心库存，到了谈价格的时候才发现该款车没有库存，这时候就很尴尬。如果你了解库存，你就可以在前期做铺垫，把客户引导到另外一款车上来，免得价格谈判的时候很尴尬。

第四个了解是了解颜色、外观。颜色和外观是感性卖点，很多客户可能对车的配置很满意，但就是对外观和颜色不满意。如果前期不做铺垫，后期价格谈判的时候，客户就会产生犹豫的心理，从而影响购买决策的进程。

四、价格谈判的前期铺垫要做到 4 个必须

（一）产品价值必须讲解到位

产品价值传递到位，是让客户觉得这款产品是物超所值的。讲解产品的时候要学会三动法则：主动提问、被动讲解、互动体验。

主动提问，是在讲解产品的过程中，要主动了解客户需求，具体怎么了解，我们在后面的内容中单独讲。被动讲解，是有些卖点不适合主动了解客户需求，只能被动讲解。还有一些卖点是不能通过简单讲解来让客户认知的，需要邀请客户进行互动体验，从而让客户加深印象。这些在产品讲解中的法则，大家必须熟练掌握，目的是就是让客户首先认可你的产品。

（二）品牌优势必须传递到位

品牌优势传递是要求我们在和客户交流的时候，要主动询问客户是否对你们的车的品牌了解，有哪些了解，客户周围身边的人是

否了解。询问的目的是了解客户对你们的车的品牌的认知是否有错误。如果有，这时可以影响客户改变印象，让这种错误认知不会影响到价格谈判。

（三）口碑宣传必须暗示到位

在前期的接待过程中，要进行口碑宣传。现在的客户的从众心理都很严重，对周围人的看法很在意。所以，要主动提及这款车的口碑有多好，有多少人喜欢，有很多人购买这样的话题；同时，也可以在手机里或平板电脑上存储一些关于这款车的宣传新闻和口碑新闻，主动向客户展示。

（四）幸福故事描述必须到位

在前期的产品讲解和需求分析的时候，还要做一些幸福故事的描述。描述的目的主要是从情感上引起客户的共鸣。这种故事的背景都是客户拥有了这款车以后的幸福生活，一定让客户有代入感——通过你的讲解，让客户觉得已经拥有了这款车；同时，这个故事的细节和情景一定要真实，让客户能够想象到画面，从而引起情感共鸣。好的销售顾问都有讲故事的能力。讲故事的能力需要大家长期坚持练习。再强调一遍：幸福故事描述的目的就是让客户从情感上接受这款车。

五、价格谈判前期铺垫的 3 个注意

价格谈判前期铺垫还要有 3 个注意需要大家掌握。

第一个注意是给客户一个宽松环境，目的是降低客户的防备心理。很多销售顾问特别急迫，见到客户两只眼睛“放绿光”，这是不对的。要给客户留出足够的安全距离和思考空间，即站得不要离客户太近、说话不要太咄咄逼人，给客户留点思考空间。

第二个注意是要注意客户的随行人员。我们的价格谈判往往会败在客户的随行人员的手里,下一节我会单独讲怎么应对客户的随行人员。

第三个注意是注意客户的特定需求。有些客户因为以前的用车经历或者朋友对他（她）的影响，会对车辆有一些特定需求。这些特定需求在前期讲解和接待过程中一定要满足。否则，后期也是价格谈判很大的障碍。

价格谈判时，客户的亲友总搅局怎么办

大多数销售顾问都遇到过客户带着自己的亲友来看车的情况。客户觉得车不错，价格、配置也都很满意，但客户的亲友总是搅局，出各种难题。尤其是在价格谈判阶段，本来客户都认可购买了，客户的亲友非让再便宜点。结果，最后没能成交。有时候遇到这种事情，销售顾问恨得牙根发痒，却又毫无办法。这里，就教教大家怎么应对这类客户。

首先，应对客户的亲友搅局这类问题的一个大前提原则就是不能冷落任何一个人。否则，最后很有可能栽在被你冷落的那个人身上。各种失败案例已经深刻教育了我们，但凡我们遇到多人进店的情形，最后的价格谈判失败都是因为冷落的人的关系，或没有处理好其他人的关系问题。其实，在价格谈判中碰到的搅局类型，不仅仅只有客户带朋友来看车，我总结了以下这些类型，大家可以对照一下。

第一种是夫妻进店类型，这也是我们接待比较多的客户。第二种是客户带朋友进店类型，这是我们价格谈判失败概率比较大的类型。第三种是多亲友进店的类型，为了买一台车，来了各种亲朋好友，这是让我们手足无措的情形。还有组团购买的客户类型，来了两三个人都要买这个车。最后一种是竞品拥有者进店类型的，这个类型其实是朋友进店类型的细分类型，客户带来的朋友是竞品车型拥有者，且对竞品很喜欢，这个时候的价格谈判就非常艰难。

下面，我们一一为大家介绍怎么应对价格谈判的搅局者。

一、夫妻进店类型

夫妻一起进店看车，一般是丈夫主导，妻子不怎么说话。有的时候，妻子和丈夫一起看车，妻子只坐在沙发上等待，但往往在进入价格谈判时，也就是丈夫要决定时，丈夫会征询妻子的意见。这时，妻子会提出不喜欢这个车的外观或颜色或要求价格更加便宜等，从而导致价格谈判失败。在这种客户类型上，销售顾问常犯的错就是对妻子不闻不问，以为丈夫就能做主。结果，价格谈判时妻子一句话就彻底把销售顾问“打蒙”，想重新再和妻子沟通，已经比较棘手了。最后，夫妻二人下次再来的时候可能会购买，但这次价格谈判彻底失败。

面对夫妻进店类型，应的技巧主要有以下 3 点。

第一点最关键：无论妻子怎么说丈夫做主就可以，但你在介绍车的过程中一定要把顾客的妻子照顾到，尤其在一些感性讲解和体验的时候，一定要邀请妻子参与进来。

第二点就是要探寻出关键决策人。你在和丈夫的交流过程中，要主动提问，问问丈夫这个车谁来开或谁用得比较多，主要用车来干什么。比如，如果买车是为接送孩子的话，可能就是妻子开的比较多。另外，有的家庭，妻子管钱，那妻子的话语权就更大。这些都是在需求分析中探寻出来的，探寻的方法我们前面已经给大家讲过，这里不再赘述。

第三点是感性问题问妻子、理性问题问丈夫。一般而言，女性购车者对于车辆的配置及发动机、底盘之类的介绍并不感兴趣，但对于颜色、外观和天窗等感性卖点比较在意。尤其是颜色和外观，像这种卖点一定要征询女方的意见，了解女方是怎么看的。对于配置及发动机这种理性卖点，要多和丈夫交流 ，让丈夫对整个车的性能有一个全方位的了解。

二、客户带朋友进店类型

客户带朋友进店类型中的客户一般都不强势，性格稍微腼腆，没有主见；同时，他（他）对选择哪款车比较犹豫。但是，客户带来的朋友很强势，有时候还不懂装懂，故意刁难销售顾问。尤其在价格谈判阶段，客户的朋友总是要求再便宜点。

销售顾问经常犯的错误就是对客户的朋友的刁难总是消极回避，或者走另外一个极端——总是连续反驳，这两种做法都会带来很大问题。消极回避会让客户带来的朋友更加得寸进尺。连续反驳会让双方的沟通氛围陷入尴尬和对立情形，也会很麻烦。

面对客户带朋友进店的情形，正确的做法有以下 4 点。

第一点是两个人都要照顾到。无论客户的这个朋友是不是强势，是不是扮演搅局的类型，你都要把他（她）照顾好。两个人进店，先要问清谁是购买者。接下来，在交流的过程中，言谈和眼神上都要照顾到客户的朋友。说话时，你要对客户的朋友表示关注，话可能是对着客户说的，但眼神也要照顾到客户的朋友。

如果发现客户的朋友非常难缠，就要应用第二个技巧，当客户的面赞美他（她）的朋友：您朋友太懂车了，我都不敢给你们俩讲车了，他（她）太专业了！在讲解产品卖点的时候，要加一句话术，如：×先生（女士），这个发动机是德国原装进口的，节油能力特别强。李先生（女士），您是专家，您说对吧。这种方式可以让客户的朋友觉得很有面子，同时也感受到了你对他（她）的尊重。

第三个技巧是把客户的朋友转化为战友。价格谈判的时候，同样的小礼品，可以以话术的形式告知：张先生（女士），您今天带着李先生（女士）来的，我也不能不表示，小礼品我给您和李先生（女士）一人一份。以后，李先生（女士），您有朋友买车记得给我介绍介绍。通过这种形式，让客户的朋友有一定的利益牵绊，就可以转化为战友。所谓的战友就是替你说话的人。

以上三个技巧都用了依然不管用，那就反其道而行，该怼就要怼。但是，这种方法不建议常用。

三、多亲友进店类型

多亲友进店类型也非常可怕。有时候，多亲友看车的可怕的程度比客户带朋友来更大。一般都是客户开着车，下来一车人，七大姑、八大姨，各种亲友。最常见的情景是大家前期都不说什么，直到价格谈判阶段了，各种要求、问题都来了，七嘴八舌，场面非常热闹。第二种常见的情景是：从进店开始，这些亲友就你一言我一语，各种要求、建议都提，搞的销售顾问总觉得自己的嘴巴不够用，不知道应该回复谁。遇到这种情况，销售顾问经常犯的错误是：分不清到底应该听谁的，找不到突破口。

对于多亲友看车这种情形，第一步一定要找到决策人、购买人、影响人、使用人，进店就要分清这些人的关系。都是干什么的，都扮演什么角色，问清楚了才可以行动。如果没问清这些人都是谁，就不要乱行动。

某次，我到一个 4S 店辅导，一个销售顾问就遇到了一个客户带了 4 个亲属陪同看车。还没等销售顾问说话呢，他们就七嘴八舌地问各种问题，销售顾问瞬间就懵了，不知道怎么办。结果，客户不满意，销售顾问也很郁闷。

问清客户带的亲友之间的关系后，一定要树立主谈对象的地位，主谈对象就是今天要买车的人。销售顾问应开诚布公地和大家说："这么多人，需求太多，我也接待不过来。谁买车，我主要接待谁。"在和主要决策者沟通的时候，你也要很明确地说："我到底应该是听您的，还是听大家的。"要把问题抛给对方，让他（她）了解你的困惑。这种梳理主谈对象的方式并不能完全解决问题。有时候，你有必要求助你的同事，让你的同事帮忙照顾下客户的亲友的情绪——也就是请一个同事去解答下亲友的问题。这样，你就能放心接待主谈对象了。

通过以上 3 个步骤的依次施行，你基本上可以搞定这类客户带多亲友到店看车的情况。

四、组团进店购买类型

有些客户是组团进店买车类型的情况，这种情况是几个人都想买车，一起来店。这些客户仗着买车人多，大都会在价格等方面提出很多不合理要求。同时，客户们在一些问题上的意见也不统一。

对于组团买车的客户，销售顾问如果在前期重视不够，当作一般客户对待，后期会出现很多问题。而且，客户感觉自己没受到重视，客户的感受是：我们这么多人买车，好歹要让我们感觉到不一样的接待氛围和方式。但是，销售顾问往往意识不到客户的这种心理活动。

对于组团买车的客户，前期一定要问清每个客户的需求。如果前期不问清，后期不同意见纠缠在一起，往往会把一次很好的生意搞砸。所以，前期问清楚每个人的需求，综合大家的信息，尽量让每个人都满意，或者说都能接受结果。如果在关键问题上搞不清，有必要邀请销售经理出来坐镇，经理坐镇的目的并不是要给多少折扣，而是要让客户感觉备受重视。

对于接待组团买车的客户来说，一定要在几个人中找到一个突破口。多人组团购买，肯定有人很喜欢你们的品牌，有的人则是无所谓。销售顾问要把那个特别喜欢你们品牌的客户找出来，让他（她）成为你的战友，让他（她）帮忙去推动销售进程，促成交易。

做到以上几点，组团买车的客户就比较容易搞定了。

五、竞品车拥有者进店类型

竞品车拥有者进店这种类型是客户带亲友来店的一种分支类型，但比客户带亲友来店看车类型的情况应对起来更难。这种情况，客户的朋友总是拿自己拥有的竞品车和客户中意的汽车比较，总认为你们的车不如竞品，总是推荐客户买竞品。

遇到这种类型的客户，销售顾问经常犯的错误就是挑客户朋友拥有竞品车的刺，客户的朋友说竞品好，你就说不好，这就把沟通氛围搞得特别僵。而且，客户的朋友自己就有竞品车，你越说那个车差劲，客户的朋友就越觉得你是在骂他（她）是个傻子。

遇到带拥有竞品车的朋友来看车的客户，首先，销售顾问要尽量把客户和其朋友隔开。比如，单独安排客户试驾，找到一个可以和客户独立交流的时机，借机说服客户。如果实在不好解决，也可以引入第三方——找战友。所谓的引入第三方，就是要客户把自己的妻子和家人带过来，再安排一次试驾，让客户听听妻子（丈夫）的意见。引入第三方的好处就是尽量弱化客户朋友的影响力，让第三方帮你推动购买进程。

另外，遇到客户的朋友说竞品车时，要积极回应，但不能主动诋毁，要用一些中性词评价，不要用带有很强感情色彩的词语。

最后，你也要照顾到竞品拥有者的情绪，给客户的朋友一些小礼品，如防冻液、玻璃水之类的，尽量化敌为友。

应对带拥有竞品车的朋友来看车的客户一定要注意第一个技巧的运用，如果能安排和客户单独谈话的机会最好。

怎样选择价格谈判时机及如何应对异议

价格谈判的时机选择和异议应对在价格谈判的过程中非常重要。很多销售顾问都会有这个毛病，和客户谈得非常好，就是在临门一脚和时机选择上特别差。这就像足球场上踢球，盘带花哨，进攻流畅，战术合理，但就是不进球。按照《王者荣耀》这款游戏的说法，就是一顿操作猛如虎，一看战绩0∶5。其实，出现这种情况的根本原因是我们销售顾问不会选择谈判的时机；同时，在价格谈判的异议应对方面能力比较弱。

一、选择价格谈判时机

我在做到店辅导的时候，经常有销售顾问问我：到底什么时候提出购买邀约比较合适，也就是什么时候进入价格谈判的环节比较合适？我的回答是：你认为什么时候合适，那就是最合适的时机。销售顾问往往不愿意或者不知道什么时候进入价格谈判环节，主要有三大心理障碍在作怪。

第一个心理障碍是怕提出的价格谈判时机不合理，把很好的洽谈氛围弄尴尬。很多销售顾问都是因为这个心理障碍不敢向客户提出价格谈判，或者不敢要求客户签约购买的。这个问题的根本原因是销售顾问的应变场景转换能力弱。一旦客户不同意或拒绝，不知道怎么去应变。另外，就是判定价格谈判时机的能力不够，不知道成交信号是什么。

第二个心理障碍就是怕提出价格谈判后遭到客户拒绝，导致失败。这个问题其实反映了销售顾问急于成交、患得患失的心理状态，也是对于当前客户的情况把握不足导致的。还没得到，就怕失去。不战确实可以不败,但不战总也不能成交,其实还是等于失败。所以，别怕失败，该来的总要来，该交的学费总要交，即使失败了，也是一次难得的总结提升的机会。从正面看问题，不要从负面找借口。

第三个心理障碍就是总想在更有把握的时候，或者获得客户更多信息的时候再提出价格邀约和谈判。这种做法明显是你自己的自信心不足。世界上没有百分百有把握的事，什么事情都有概率的，包括我们的出生也是概率问题。所以，自己要对自己有信心，销售的机会转瞬即逝,该出手的时候要果断出手。宁“错杀”,但别放过，这是销售的真谛。

本节一开始，我们提到大多数销售顾问都是因为价格谈判的时机选择不对而导致生意无法成交，下面就来讲讲价格谈判的时机选择。

价格谈判时机选择的第一个原则就是厚脸皮总比薄脸皮容易取得成功。很多销售顾问脸皮薄，怕客户拒绝，总是不敢提购买邀约。

我的建议就是不要管什么时机不时机，大胆提，无论客户的反应是什么。如果客户同意，那说明你提购买邀约的时机很准确。如果客户拒绝，也没关系，脸皮厚一点，重新和客户交流，进行需求分析，找出客户还没有认同的原因。说白了，就是继续聊，脸皮厚点就行了。当然，除了脸皮厚以外，价格谈判时机的选择还是有一些信号的。这些信号可以帮助你更加准确的判定什么时候提出价格谈判更合理。

关于价格谈判的时机，我汇总了9个信号。这9个信号，任何一个或几个出现都是客户准备购买车的苗头。但是，价格谈判的时机就和地震预测一样，如果判定动物大搬家就会地震未免会有点以偏概全，但如果各种仪器和各种动物都有各种震前的征兆，那地震发生的概率会很大。同样，价格谈判的9个信号都出现了，那客户购买车的可能性非常大。只出现一个信号，那购买的概率不够大。所以，大家在做价格谈判时机判定的时候，要多观察，看看下面这些信号出现了几个。原则上，信号出现的越多，进入价格谈判的时机越合适。9个预示可以进入价格谈判环节的信号如下所述。

1. 客户主动问优惠信息。

2. 客户反复确认一些卖点信息（空间，油耗）。

3. 客户询问一些购买的额外信息，如贷款、保险或颜色等。

4. 客户询问使用和保养的一些问题。

5. 客户向销售顾问提出“车辆不错，但价格有点高”的抱怨。

6. 客户在车边停留时间很长，长时间思考。

7. 客户和随行人员长时间讨论。

8. 一天多次进店的客户。

9. 客户询问最近是否有大型促销活动信息。

二、如何应对价格谈判中的异议

进入价格谈判环节以后，无论多想购买车的客户，都会提一些异议。这些异议处理不好，后续的价格谈判可能就会随之结束。所以，价格谈判中的异议应对也很重要。

（一）客户说“再考虑考虑”

如果客户说“再考虑考虑”，销售顾问首先应该赞同客户；同时，询问客户在哪些方面还有疑惑。有疑惑不怕，我们就是专门解决疑惑的。下面是参考示例话术，供大家参考使用。

嗯，张先生，您再考虑考虑是对的。买车毕竟是大额消费，考虑仔细些是非常有必要的。您既然要考虑一下，我还要冒昧地问您，您最担心的是哪方面呢？哪方面不放心，您可以和我说说。我说说我的意见，供您参考。毕竟我是做这个行业的，各方面都有所了解，能给您提供一些专业的参考意见。

（二）客户说“价格有点贵”

俗话说，嫌货都是买货人，客户挑剔产品是正常的，这证明客户真心想买。对于“价格有点贵”这种异议，销售顾问的解决思路应该是：理解客户的异议，询问客户提出种异议的理由，做出合理的解释并重新帮助客户梳理需求。同时，应告知客户一分钱一分货——价格贵有价格贵的道理，并且，也要看和什么产品进行比较。分析自家产品的优劣势。下面是示例话术，供大家参考使用。

嗯，张先生，这个车的价格确实不便宜。但是，张先生，买车其实是买3种东西，您肯定不知道。第一个是方便，第二个是安全省心，第三个是面子。所有的车都能给您带来方便，无论是便宜的，还是贵的。从这个角度来讲，您买最便宜的车最划算，但最便宜的车往往不能给您带来安全的感受和面子的光彩，所以，依您的身份，我觉得您可能更看重安全省心和价值。我说的对吧。

（三）客户说“再看看竞品，然后再决定”

客户说“再看看竞品，然后再决定”这种情况一定是竞品的某些特点吸引了客户，同配置的肯定是价格，同价格的一定是配置。所以，销售顾问的解决思路是理解客户的异议；同时，告知客户竞品的优点是什么、缺点是什么。尽量让客户觉得你客观、公正，你是站在客户的角度替他（她）考虑问题的，下面是示例话术，供大家参考使用。

张先生，多比较比较是对的。××牌的车其实也不错。××牌的车的优点是便宜，但缺点也很明显，就是费油和小毛病多，这个您在网上都能查得到，我不需要多说。看您买车的目标是什么，如果您不担心费油和小毛病，那××品牌也还可以接受。

（四）客户说“回家和家人商量下”

遇到客户说“回家和家人商量下”这种情况，销售顾问首先要对客户表示赞赏；同时，不要让客户有思考的时间，直接选择主动邀约他（她）的家人进店看车、试驾。下面是示例话术，供大家参考使用。

嗯，张先生，一听您这么说，就知道您是有责任感的男人，买车和嫂子商量商量非常对。虽然您是一家之主，但嫂子也有话语权啊，我说的对吧。呵呵，这样吧，张先生，您看您今天都来了，就别浪费时间了，我现在找试驾专员去开车，咱们一起去接嫂子，顺便还可以试乘、试驾一下这款车。这样一来，你们两口子对这款车的了解会更加全面。

价格谈判开始后，异议处理之前，还有一个小小的报价环节。报价分为 3 个阶段。

第一个报价阶段是报基本价，先物后钱。也就是说第一次报价，报的是正常优惠。报价时如果给额外的优惠，这个优惠应该是物品，比如大礼包、精品礼包等。报价第一阶段尽量别让价。

第二个报价阶段报价时，先报大数。比如，你想给客户便宜 3000 元，你的报法应该是先便宜 2000 元，再便宜 1000 元。如果你前期便宜 1000 元，后面突然又让价 2000 元，客户的心理锚定价格就会失衡，他（她）会觉得你们的产品还有很大的降价空间。

第三个报价阶段，当你觉得第二个报价阶段的让价幅度可以了，不要担心客户不买车，要咬定价格不放松。你一定给客户一个坚定的印象，让客户觉得自己已经把价格谈到底了。你自己不能犹犹豫豫，不能给客户感觉车的价格还能降。只要你觉得不能降了，那就坚定气势，打死也不改口。

同城同品牌，对方的价格更便宜，怎么办

现在，一个城市都是两三家同品牌店面，销售顾问经常会遇到客户货比三家的情况。一般情况是：客户到了店里直接谈价，然后说“我在另外一个店看过，你看这车的价格你们怎么给吧”。每每遇到这样的情景，销售顾问就不知道怎么应对了，很纠结：我到底要不要给底价。

在学习如何应对货比三家这类问题之前，我们先要知道面对这类问题的时候，销售顾问经常会犯哪些错误。一般来讲，销售顾问会犯以下 4 个错误。

第一个错误是过于相信客户。有时候，销售顾问听到客户在同城同品牌另外一家店拿到了某个价格，瞬间就选择相信，根本不考虑这个价格的真假，直接找到销售经理，要求销售经理降价销售。这时候，销售经理也很为难，不给低价格，会伤了销售顾问的积极性。给低价吧，还无从判定真假，会把价格体系弄乱了。

第二个错误是当销售顾问觉得没有好的应对方法的时候，选择生硬回绝客户，告诉客户：他家便宜，您去他家买吧，我们店做不

到这个价。这样一来，即便价格相同，客户肯定也不会回到你们店购买，因为他（她）觉得没有受到应有的尊重。

第三个错误就是过于急切地想成交，客户提什么条件都答应。这个错误和第一个错误还不一样，这是没有请示经理就把价格及各种优惠都答应下来了，回头再去找经理。这么做相当于“绑架”了经理，让经理很为难。

第四个错误是诋毁同城同品牌商家：说对方如何如何不好。其实这是伤人一千，自损八百。因为在你诋毁对方的时候，其实也是在诋毁你们共有的品牌，这会让客户不再相信你们这个品牌，从而选择别的品牌的车。这种做法无异于自废武功，非常不划算。

对于同城同品牌货比三家这个问题，首先，我们有一个大的原则，就是先判定客户级别，再判断价格真假。客户到店就问价，并不代表客户的购买级别很高，也并不能代表客户立即就会购买，很有可能是客户试探价格的一种手法而已。所以，在客户购买级别不清楚的时候，胡乱应对，都会出问题的。只有清楚了客户的购买级别，然后才对价格进行判断。依据客户的购买级别给出一个相对合理的价格，或者给客户一个合理的解释，这样才能做到价格应对合理。

判定客户的购买级别有 3 个方法。

第一个方法是询问细节法。无论客户进店问价问的多么急切，都要稳住客户，问问客户购买车的一些细节。如果客户连细节都回答不上来，那这个客户肯定还没想好要不要买这个车，也不会即买这个车。请大家注意：这个方法和后面要讲到的两个方法需要大家综合使用，不要单独使用。下面是示例话术，供大家参考使用。

张先生，您先别着急问价格。我想问问您，这款车您既然看好了，您想选什么颜色的？另外，您是全款买车，还是贷款买车？您看好的是尊享型，还是哪个型号？这些您要和我说呀，不然我怎么给您算价格呢？

第二个方法是要求客户承诺。客户想要底价没问题，客户想更便宜也没问题。如果客户不能确定要不要买车，你就没法给对方最合适的价格。这个技巧一般都是要求客户交定金或提前签订合同。下面是示例话术，供大家参考使用。

张先生，您说的价格，我们确实没卖过，我也不知道能卖不能卖。您要是真想买，我可以帮您请示下领导。但是，我也不能两手空空去找领导，您至少交点定金，我拿着定金找领导，这事也好谈啊。不然，领导凭什么相信我说的话啊。您说对不对？

张先生，您说的价格，确实没卖过，我也不知道能卖不能卖。您要是真想买，我可以帮您请示下领导。但是，我们一直都是这样的，如果申请优惠价格，需要和客户草签一个合同，证明客户真心想买车。我拿着合同去找领导。如果领导同意，那就按照合同来。如果不同意，那我当您面撕了合同。您看行不行？

第三个方法是误导法。为了判定客户所说的到底是真假，你可以采用误导客户的形式来判别客户说的到底是不是真的。下面是示例话术，供大家参考使用。

张先生，咱们同城有好几家店呢，您在哪看的？是不是西四环那边那家店啊（其实是在东四环）。

张先生，同城店的销售人员我大都认识，您说的那个店的销售经理应该是位女士（其实是男士）。

判断好客户的真实购买意图和购买级别以后，就可以判断客户说的“同城同品牌的店的车的价格更便宜”的真假了。判断价格真假也有 3 个方法。

第一个方法是根据价差幅度判断真假。如果同城另外一家店给出的价格的价差幅度和你们这边很小，如比你们多便宜了 500 元或 1000 元，那客户说的这个价格有可能是真的。

第二个方法是多让客户描述下对方店给的价格的细节，据此判定价格真假。一般来说，同城同品牌的商家会赠送类似的礼品，比如大礼包之类的。同城商家送什么东西，你们都有大概的情报。所以，通过这种细节描述，你也能大概清楚客户这个价格是不是虚假的。

第三个方法是你可以让客户现场用微信或电话来和对方联系来判定价格的真假。这种方法是最管用的，但有时候客户不愿意这么做。客户一直推脱不做，那价格就有可能是假的。客户直接就同意，价格的真实性的概率就比较大。

通过对客户购买级别的判定和同城同品牌店面价格真假的判定，你就能清晰理出头绪：这个客户到底应该怎么应对比较合适。不同购买级别的客户的应对的方法肯定是不一样的。

如果你判定客户说的都是真实的，同城同品牌商家给的价格确实比你们便宜，而且，这个价格你还做不到，你可以用下面 4 个方法应对。

第一个方法是谈疑虑。告诉客户，这个价格确实很低，但低的离谱，产品可能未必靠谱。下面是示例话术，仅供参考。

张先生，这个价格确实很便宜，我们做不到。但是，我想提醒您，我们和对方都是同级别店面，甚至我们还比对方的店面级别高，我们都做不到的价格，对方怎么可能做到？一般来说，我们家给出这种价格的，都是事故车或处理车，我不知道对方是不是和我们一样，您要多了解了解。

第二个方法是谈差异。谈差异指除了价格因素以外，你们的店有哪些地方比对方的店做得更好的地方，一般都是谈售后、谈服务。下面是示例话术，仅供参考。

张先生，这个价格确实很便宜，但我觉得您购买一台车，不仅仅考虑着三五百元的优惠政策，您更多的还要考虑以后的用车成本。我们对于在本店购车的用户，售后维修的工时都是打8折的。对方的店可没有给您这个待遇，你可以算一下以后您每次保养能省下多少钱？这些成本您都要考虑呀。

第三个方法是谈感情。告诉客户，购车不仅仅购买的是一款车，以后用车、保养等都有专人指导才是最好的。你要从感情的角度说服客户，价格不是主要的，感情才是关键。下面是示例话术，仅供参考。

张先生，价格只是一方面。谁都想花最少的钱办最多的事，但买车只是一个开始，以后还要用车。对方给到这个价格，您都没买，还过来找我，肯定是认可我这个人。为了感谢您对我个人的信任，这个价格我虽然做不到，但您在我这买车，以后我肯定在服务上让您满意。您以后无论是来保养，还是有什么问题，您找到我，我肯定二话不说第一时间给您处理。

第四个方法是谈权威。有时候，客户对于销售顾问说的话总是不相信，更相信权威的话。同样的话术，销售经理运用下来，客户相信的概率更大，人们更愿意相信权威。所以，把销售经理请出来帮你进行价格谈判是非常有必要。下面是示例话术，仅供参考。

张先生，您说的这个价格，我们确实做不到。您要不信，我把领导找来，您和他（她）聊聊，他（她）负责这个品牌十多年了，价格体系他（她）最清楚，让他（她）给您解答解答。

如果客户给的同城同品牌商家的价格是假的，应对方法就很简单了：第一，咬定价格不放松；同时，理解客户想省钱的心理，从感情和服务入手，多灌输本店和同城其他店面的差异，重新帮助客户做需求分析，了解客户的真实需求，匹配合适的产品。

请大家记住一点，通过技巧判定出客户给出的同城同品牌商家的价格是假的时候，千万不要反驳客户，说客户给的价格是不真实的，这等于打客户的脸。即使你知道客户说的是假的，你也要在假的基础上做沟通，而不是直接指出客户的说法有问题。

客户觉得异地价格更便宜，怎么办

现在的信息很发达，商家“飞车”、窜货的情况特别多，尤其是大城市向小城市“飞车”。省会城市由于在店面级别及店面返利上有优势，价格可以更低，加上现在网络发达，很多客户都会在了解了省会城市的价格后再去当地 4S 店询价。销售顾问遇到这种情况很难处理，因为异地价格确实有优势。下面，我们来讲讲遇到这类问题怎么办。

应对“客户觉得异地的价格更便宜”的问题的大原则有下述几个。

第一个原则是判断客户的真假。如何判断客户真假，我已经在前文里讲过了，这里就不再重复了。第二个原则是了解客户的核心问题。第三个原则是根据核心问题使用不同的沟通方法。对于客户觉得异地的价格更便宜这种情况，如果你不把以上 3 个大原则抓住，后续很多问题都不好解决。

问清楚了上述核心问题，如果客户是异地户口且异地上牌照的，没有什么好办法，就只有一招——报最低价。因为这类客户其实不是我们的客户服务覆盖范围，能卖一台就卖；不能卖，完全不用可惜。

有很多销售顾问特别纠结于能否挽留这类客户，每次到店辅导的时候，都会有很多人问我这类客户怎么应对。在我看来，完全没有必要纠结，你一个月也遇不到几个这样的客户，把自己覆盖区域的客户关注好、服务好，已经足够你成为销售冠军了。

如果客户是本地户口且本地上牌照的，他（她）可能问了异地的价格，异地的价格确实比本店更便宜，这时候需要从 3 个方面和客户沟通：第一个是算成本，第二个是说风险，第三个是讲差异。

算成本是指在和客户交流的过程中，要帮助客户明确：如果在异地购车有哪些成本。大家在平时可以做一个异地购车成本表准备着，直接用表格的形式给客户计算异地购车成本。大家在算这些费用的时候一定要算详细，不要算大概，要精确到个位数。我们就是要客户清清楚楚地知道去外地买车到底产生了多少费用，这些费用只要给客户留下了深刻印象，你就赢得了一半机会。另外，要重点强调人情的费用，因为欠人情总不是好事，要让客户明白这个道理。

大家可以学习一下下面这个话术案例。话术只是一个模板，通过这个模板，大家根据实际情况再完善。

销售顾问：张先生，您去 ×× 市买车，没有问题，但您算没算过去 ×× 市买车的成本呢？

客户：没多少钱吧。

销售顾问：张先生，我帮您算算。您看，来回车费要 466 元，您当天回不来，住宿费用至少要 300 元，吃饭也要两百元吧。这还是您自己去的费用，您肯定得带朋友去啊，带个朋友，所有费用都是 2 倍，大概要两千元左右。而且，您还欠了天大的人情，钱花出去没问题，但人情不好还啊!

算完成本以后，接下来就要向客户传达风险的意识。你得告知客户：在异地购车风险具体高在哪些方面。

第一个风险是保险事故风险。如果在异地购车、本地上牌照，就需要开回本地，那只能上临时牌照。在高速公路或者其他道路上行驶，一旦发生事故，新车没有保险，也没有上牌照，所有的损失都要客户自己承担，这个风险是非常大的。

第二个风险是车辆异常风险。异地车的价格这么便宜，这个车很有可能是事故车、翻新车等，这些客户是看不出来的，买回家以后可能会吃个哑巴亏。因为天上没有掉馅饼的好事，同样的产品，异地店的价格便宜这么多，可能会有问题。

第三个风险是附加费风险。有很多异地 4S 店，可能在车辆的价格上便宜了，但会额外增加很多附加费用。等客户到了异地，已经准备购买了，买，只能被迫交这些费用；不买，额外的成本费用都花出去了，也不合适。

第四个风险是综合优惠的风险。这种风险也非常常见，有的 4S 店用综合优惠的形式忽悠客户，客户到了以后发现：所谓的非常便宜，无非就是送的礼品多，用大礼包的形式补偿了车的价格而已。

第五个风险是后续使用风险。买异地车，后续一旦有问题，回异地去调换及检测、维修都非常的不方便，这也是一个非常大的风险。

下面，我给大家一个参考表格（如表 3–1 所示），大家在和客户交流的时候，直接用表格的形式给客户算成本、讲风险，然后将这个表格送给客户。

表 3–1　　异地购车成本费用表

项目		费用	备注
成本	车费		
	住宿费		
	餐饮费		
	手续费		
	人情费		
风险	保险事故风险		
	车辆异常风险		
	附加费用风险		
	后续使用风险		

算完成本、讲了风险，销售顾问就要给客户讲差异了。差异主要从两个方面。

第一个差异是服务差异。你要告知客户：在本店购车的售后服务的工时费是打八折的，不在本店购车的没有这个优惠，让客户不仅仅考虑购车成本，还要考虑养车成本。

第二个差异是人缘差异。多认识一个朋友多条路，如果客户在这买车，认识了销售顾问，以后发生问题，销售顾问可以帮忙解决。如果到售后保养，销售顾问还可以帮忙沟通并申请 VIP 通道办理。如果车辆出现小剐蹭，销售顾问也可以到现场帮忙处理。这些潜在的服务，如果客户在异地购车，其实是享受不到的。

价格谈判，遇到难缠客户怎么应对

我们在日常的销售活动中，总会遇到各种难缠的客户，尤其是在价格谈判的过程中。下面，我把自己所知道的一些难缠客户类型列举如下，和大家分享下应对这些难缠客户的技巧。

第一种难缠客户是报价离谱型客户。这种客户难缠的地方在于：当销售顾问问客户到底想多少钱购买车的时候，客户往往报出一个特别低的价格，这个价格连成本都达不到，客户还不依不饶地必须要以这个价格成交。我们在应对这类客户的时候，有如下的办法可以使用。

首先，要直接拒绝，不要给客户一点幻想，价格做不到就是做不到。销售顾问自己不要犹犹豫豫，一旦犹豫了，客户就觉得有希望。这就如同一个女孩不喜欢追求自己的男孩一样，不喜欢就要立即拒绝，不要欲拒还迎，让男孩总有希望。最后，希望越大，失望就越大，结果形成仇敌。和客户谈生意和谈恋爱是同一个道理。

其次，要告知客户原委，告知这个价格做不下来的原因是什么地方没有这个价，老板进货都进不来，不可能以这个价格卖车。

第三，要现场比对。让客户现场查查同配置及品牌档次差不多的其他品牌的车的价格都是多少。我们做不到的价格，别人也做不到，让客户自己发现报的价格有多离谱。

第四，要降低客户的期望值。很多客户之所以这么报价，是因为他（她）手里就这些富余钱，他（她）想用这些钱买到一辆自己喜欢的车。比如，他（她）手里就有 5 万元钱，但他（她）看中了 10 万元的车，他就希望能用 5 万元把 10 万元的车买到。这个时候，销售顾问要帮助客户降低期望值，告诉客户，某些低价位的车型也不错，也是可以选择的。

第五，给出替代方案。如果客户就是喜欢高价位的车，那就把替代方案拿出来给客户，告知客户：他（她）可以贷款，要把贷款的好处讲清楚，让客户通过贷款这种替代方案解决问题。

第二种难缠客户是谈价啰唆型客户。这种客户也是对价格不满意，虽然销售顾问给出了优惠，但其对优惠还是不满意，要求销售顾问继续给优惠，不放过任何机会，不断提出优惠请求。而且，这类客户态度还特别好，告诉你：就是要买这款车，但必须继续给我便宜，一直“墨迹”这件事，一再要求降价，销售顾问烦不胜烦，客户死缠烂打，各种手段都用。销售顾问在这类客户身上有时要花费一天的时间，客户能从早坐到晚上，不给低价就是不走。应对这类客户的办法如下所述。

首先，要直接拒绝，告知客户：该给的优惠都给了，确实真的没有了。礼貌接待后不要管太多，可以把客户晾在一边。当然，把客户晾在一边的理由是给客户留出时间思考，不要粗暴地把客户晾在一边。

其次，你可以把最近的签单记录给客户看，让客户看看别人都是多少钱购买的车，让客户知道自己并没有买亏。

第三，实在不行，可以找出领导，但领导必须唱黑脸，告知客户：这已经是最低价了，确实没有优惠了。

最后，当事情处于僵局，销售顾问觉得时机合适时，给出最后一点甜头。甜头不能太大，一份保养、一份礼品之类的都可以，给客户留个面子，方便客户下台阶。

第三种难缠的客户是订金沉默型客户。所谓的订金沉默型是客户已经交了订金，订金数额不大，但客户就是一直不提车，打电话也接，一直推脱没时间提车，销售顾问也搞不清客户的状况，客户也不来店里。对于这类客户，销售顾问必须明白：肯定是客户方面有变化，一般都是客户看中了别的车，在两者之间犹豫。而且，对另外一款车更加看重，有心想买另外一款车，但因为订金的问题，还没下定决心。

对于订金沉默型的客户，销售顾问要直接上门，问明原委。客户不来，不代表我们不可以去，可以借着给客户试驾的名义到客户那去拜访，问清楚客户的问题；同时，告诉客户，客户如果没有想清楚，订金是可以退的，让客户不要担心。这种做法的好处是：客户看到了你的诚意，会敞开心扉说说自己的顾虑，安定了客户的心。

另外，强扭的瓜不甜，客户如果真的不想买，也没必要拿这点订金要挟客户，销售顾问始终要记住：人脉比成交更重要。

如果客户说出了真相，比如说是更看重另外一款车，那销售顾问要站在客观的角度帮助客户对比。当然，这个对比当然是引导客户购买我们的车。同时，销售顾问也要告知客户：非常理解客户的犹豫，即使不买，也还是朋友，如果以后车辆上有使用问题，依然可以交流。在情感上要暖人心，让客户自己都不好意思不买你的车。

第四种难缠客户是聊天闲扯型客户。这种客户进店就找销售顾问聊车，各种问题各种聊，但就是不提买车的事。销售顾问问他（她）什么时候购车，他（她）就说再考虑考虑，然后继续和你交流。这种客户其实还没有想好买什么车，把 4S 店当作免费的购车常识基地，各种购车问题都问，问清楚了以后，方便自己以后选车。

对于聊天闲扯型客户，不要一直被动解答，销售顾问要主动提问，了解客户的需求。当你发现客户对自己的需求都不是特别明朗时，包括对车的颜色及保险等很多问题都支支吾吾，那就能证明：他（她）其实是来学习的，想买车，但不是现在买。这时，销售顾问可以离开对方一段时间，借口就是给出对方安全的距离和思考时间，让对方自己好好考虑考虑，考虑好选什么样的车，大家再交流。

其次，在和聊天闲扯型客户交流的过程中要主动留下对方的联系方式，他（她）现在可能不买，但将来一定会买。

最后，应对聊天闲扯型客户有一个问题一定要注意，不能一看客户不买车就持冷冰冰的态度，该有的服务要有，生意可以不成，服务一定要让对方满意，因为他（她）终究还是要买车的。

第五种难缠客户是“黑户低息”型。这种客户本身是“黑户”，想买车，但贷款高息还不行，必须给他（她）办低息，不是低息还不买，还不想全款买车。这种客户其实也有很多，感觉自己只要买车，4S 店什么事都能帮他（她）办。应对这类客户，有如下的方法供读者参考。

首先，要明确地断绝他（她）的希望，告诉他（她），他（她）是“黑户”，去哪里贷款都不可能低息，很多银行甚至都贷不了款。另外，对于高息的问题，要帮助客户算账，告诉客户：按月计算，也就比低息多一点钱，其实不算多。另外，车买得早，车可以为他（她）创造的价值要比这个利息高多了。

其次，在客户算账的同时要给一点压力，告知客户：现在，“黑户”还能办，以后国家政策调整，可能未必能办了，早办早省心，不要因为这点利息，到后来连车都买不了。

最后，给出一点优惠。告诉客户：现在购买还能赠送一个大礼包，给客户在心理上最后一击。

第六种难缠客户是高端对比型客户。这种客户在购买的时候总是拿高价位的车和低价位的车对比。比如，客户会拿四十多万元的宝马、奔驰对比十几万元的车，各种抱怨，各种不满，但还要坚持买十几万元的车，就是要求销售顾问必须多便宜一些。

遇到这种高端对比型客户，当客户拿自己的十几万元的产品和四十多万元的车对比时，不用反驳客户，坦然接受这种差距：确实不如，但要告诉客户，他（她）对比的方式不对，虽然讲究一分钱一分货，要对比也是同价位对比。客户要买的这款车在同等价位中性价比是最高的。对于客户这种无理取闹的对比，该怼回去就要怼回去，不要惯着。怼完以后要给客户台阶下，赞美客户不差钱，但代步车没有必要买那么贵的，这款车就足够使用了，该节省的还是要节省。

第七种难缠客户是内乱型客户。这种类型的客户是：客户和妻子（丈夫）一起来看车，客户当面就很满意，妻子（丈夫）不满意。客户想交钱订车，妻子（丈夫）不同意，结果两人当面就吵起来了，销售顾问一脸懵，不知道怎么应对。

对于内乱型客户，我们永远要记住：先解决情绪，再解决事情。一定要安抚双方的情绪，尤其是妻子的情绪。这个时候，销售顾问要站在妻子（丈夫）的角度替妻子（丈夫）说话；同时，问清楚妻子（丈夫）反对的原因，问明原因以后给出解决的办法，这个办法一定是双方都可以接受的局面。如果实在无法说服夫妻双方，那就以退为进，告诉客户：宁可不卖这个车，也不希望客户两口子吵架，理解妻子（丈夫）的担心。这种释放善意的举动，会让认可你的客户更加认可，不认可的妻子（丈夫）因为你的举动，也会淡化反对意见，成交的概率反而会更大。

价格谈判后期，应该如何“逼单”

我个人认为“逼单”这个词的定义本身就是错误的。在销售领域根本就没有“逼单”这个词，也没有“逼单”这个说法，“逼单”本身也是不成立的。因为“逼单”这个词含有逼迫、强迫的意义，这会误导销售顾问，以为通过一些话语或手段、技巧，就能强迫客户购买车，或者说快速让不想购买车的客户购买。这种想法其实是完全错误的。在当今商品经济发达、信息发达的社会体系里，谁能逼迫客户做决定呢？即使你通过一些话语技巧让客户在不情愿的状态下购买，后期这个客户也会给你带来想不到的麻烦。所以，我一直不认可“逼单”，但有没有和“逼单”相类似的定义呢？

有的！其实，“逼单”的真实定义应该是如何引导客户快速做出购买的决定。大家看好我用的定义，我说的是引导，而不是逼迫。在销售领域有一句话：我们不能替客户做决定，但我们可以对客户的购买决策实施影响或者引导。如果引导的好，客户做出决定的速度就快，也就是能帮助我们快速成交。

所谓的引导，其实是有是有 3 层内涵意义的。

第一层内涵是了解客户的真实需求。如果你不了解客户的需求，你就不能匹配合适的产品给客户。客户选择再考虑考虑，其实就是客户对产品的某些方面还不满意，没有满足他（她）的某种需求。

第二层内涵是解决客户的购买疑虑。所谓的购买疑虑有很多种，比如对价格的疑虑、对品牌的疑虑、对产品的疑虑，这些疑虑是需要销售顾问探知和解决的。

第三层内涵是给出客户购买的理由。人类对于花钱这件事，无论花多少都会心疼，但每次花钱的时候，我们都会想办法找一些理由安慰自己。比如，我今晚吃了一顿大餐，花了一千多元，虽然很心疼，但依然安慰自己说：没事，最近工作这么努力，就当是奖赏自己了。这就是给这一千多元的大餐找理由。越是买贵的物品，就越需要很多购买理由去支撑。我们销售顾问一定要想尽办法帮助客户找出购买车的理由。你给出客户的购买理由越多，客户就越容易快速做出购买的决定。

引导客户快速购买可以分为以下几个步骤。

第一步，销售顾问一定要在价格谈判之前找到客户需求点中的痛点。客户购买一款产品可能有很多需求，比如购买车，可能是为了接送孩子，还能拉点东西等。客户的多种需求中，一定有一个或者两个客户的痛点需求。也就是说，在那么多需求中，有一个或两个需求是客户必须优先解决的，其他的都不是那么重要。比如，一个女性客户购买车可能既是为了代步，也是为了接送孩子，还有是为了出去玩的时候开车方便……那你在和她交流的过程中，必须在以上3个需求中，判定出一个她的痛点需求是什么——这个需求如果没有，会让她感觉万分痛苦，那这就是她的痛点。

找点痛点需求之后，销售顾问要强化这个需求的重要性和紧迫性。比如上文说的女客户，找到女客户的痛点需求是接送孩子，安全性就是她的痛点需求。这个时候，你就要不断强化这个需求对于女司机的重要性；同时，告诉她：这个需求不解决，您的孩子每天都生活在危险中。强调重要性，是为了让客户知道自己原来最重要的需求是什么；强调紧迫性，是告诉客户要快速去解决这个需求。这样一来，你就给客户提供了一个购买车的好理由。

了解了痛点需求还不够，还要证明我们的产品是专门为了解决客户的痛点需求而打造的。要把解决痛点需求的产品卖点做强化讲解，告知客户：我们的车的哪些功能、哪些设置可以帮助客户完美的解决他（她）的问题。为什么我们能解决，我们比同类产品的优势在哪里，我们有哪些独一无二的优势。其实，就是我们必须回答客户的3个问题：我们能帮您解决什么，您为什么选我们，我们比别人强在哪。

解决了客户的痛点需求以后，还要确认客户的感性需求。因为顾客购买车的时候不仅仅会考虑理性层面的需求，也会有感性层面的考量。比如，客户就是不喜欢你们这个车的外观，虽然你讲得头头是道，客户也很认可你的卖点推荐，但就是不喜欢这个车外形或者颜色，那你也很难说服客户。所以，第四步是我们还要了解客户的感性需求，如颜色、外观等。让客户不仅仅是获得性价比（理性思维），还要获得情价比（感性思维）。

第五步是要强调产品的稀缺性。这个我相信大家都会用，而且用得很熟练。通过用库存或颜色及从众心理等技巧，让客户产生购买的紧迫感。另外，你还要强调提前购买的优势性。所谓的优势性是有了这个产品以后，能够为客户立即解决哪些问题，能够帮客户实现哪些想法，所谓的“早买早享受”就是这个道理。但是，你一定要说清楚客户能享受到的是什么。

第六步是要解决客户的价格疑虑。客户一般犹犹豫豫下不定决心买车，主要是担心买贵了。所以，我们要给出相应的价格稳定承诺和保价承诺。所谓的稳定承诺是告诉客户：这个产品上市没多久，价格不会降，客户不用担心。保价承诺是告诉客户：这个产品如果买贵了，可以来找我们补差价。但是，请记住：这个保价承诺是店内保价承诺。你告诉客户，如果客户了解到别人在本店买车比他(她)便宜很多，可以来补差价，至于其他 4S 店的价格差不在此列。

最后一步是要给客户最后一击，也就是最后一个购买车的理由，压死骆驼的最后一根稻草。这根稻草就是一块“甜点”，这个“甜点”不能太大，是一个小优惠，比如送一份保养、送一份精品礼物等，让客户瞬间做出决定，不再犹豫。

价格谈判的10种常用实战套路，你会几种

在价格谈判的过程中有一些技巧和套路是组合来使用的，用这些套路和技巧的目的并不是为了欺骗客户，而是让客户愿意接受我们的产品和产品价格。

有时候，客户对产品已经很有信心了，也很喜欢，可总是在价格上有各种疑虑，这就需要一些实战派的“演技”帮助客户打消疑虑，从而放心购买。

在讲10种实战套路之前，大家必须明白下面4句话。

第一句话，好的销售都是好的演员，演员需要在最短的时间内打动观众的情感，销售人员也是如此，销售人员需要在最短的时间内打动客户的内心。

第二句话，好的演员都学过很多表演技巧，这个大家都清楚，大多数演员都是从正规的表演院校毕业，学了很多年表演技巧，演了很多舞台话剧，为的就是磨炼自己的表演技能。销售人员同样如

此，也需要学习很多技巧，特别是谈判技巧。

第三句话，各种表演技巧其实都有一些约定俗成的套路，比如怎么哭，怎么歇斯底里的表达绝望，如何表达爱情，你如果细看电影或者电视剧，或者买一本表演类的书籍翻阅，你会发现演员们在影视剧里使用的手法和技巧都差不多，无非就是谁的颜值高点、谁能更“入戏”。销售也是如此，我们所要学习的实战谈判套路也相当于演员的基本功。基本功扎实，在日常的价格谈判中就能如鱼得水，让客户觉得从你手里购买车是自然而然的事。

第四句话，演员用表演技巧打动观众，而销售顾问使用套路或者技巧让客户相信你、信任你。

了解了上面的 4 句话以后，你才能学习下面这 10 种实战谈判的套路。

一、惊讶拒绝法

惊讶拒绝法指无论客户第一次提出什么价格，无论是合理价格，还是不合理价格，销售顾问都要拒绝，拒绝的同时还要表现出惊讶、震惊的表情。你要让客户感受到：他（她）的报价非常不合理。

二、置换法

置换法指当客户提出以某种价格成交时，尽量把价格换成物品进行谈判。例如，客户想便宜 5000 元，你可以将 5000 元置换成 5000 元的礼包，把金钱置换成物品。如果客户想要某个礼品，尽可能把大件礼品置换成小件礼品。

三、岔话法

岔话法指客户如果一直追着价格不放，就需要销售顾问进行话题转换。岔开话题，转移客户的注意力，如询问客户保险、贷款、上牌照等其他事宜。询问其他事宜的目的是把双方从价格焦点中转移出来，方便后续再次进行价格谈判。

四、同盟法

同盟法指客户一直强调价格，销售顾问就要通过话术让客户明白：自己和客户是站在同一立场的：客户想买车，销售顾问想卖车，销售顾问只有卖了车才能赚到提成。销售顾问要告诉客户：自己并不关注老板赚了多少钱，自己和客户其实是一条战线上的，都希望交易成功。

五、理由法

理由法指对于一直纠结价格的客户，要多给购买理由。在价格谈判期间，你给予客户的购买理由越多，客户做出购买决定的速度越快。

六、承诺法

承诺法指在销售顾问向销售经理申请价格优惠之前，请一定要客户做出购买的承诺。如果客户没有给任何承诺，原则上销售顾问是不能报出底价的。在不确定客户当天是否购买的情况下盲目报出底价，只会让后续谈判更加艰难。

七、找领导法

找领导法指找领导申请价格优惠，分为真找和假找两种。如果真去找领导，领导扮演的一定是黑脸，一定站在你的角度拒绝“放价”，并帮助你说服客户。如果假装去找领导，那当你再次出现在客户面前，一定要摆出一副沮丧无比的表情，这会让客户从心理上认为你已经尽力了。

八、换条件法

销售顾问和客户同意了彼此的价格约定，在双方达成交易之前，销售顾问要在最后附上附加条件，要求客户必须答应某某条件才能享受某个价格。话术示例如下所述，供大家参考学习。

张先生，我们领导说了，这个价格确实太低，我们做不到。如果您的爱车保险在我们这儿交，我们为了冲保险的量，勉强能够答应您，您看可以吗?

上面这种方法叫做交换条件，当你给予客户一个好处时，客户要对你有所回馈。

九、求介绍法

求介绍法指在达成交易之时，销售顾问一定要求客户进行转介绍。让客户了解转介绍的政策，让客户知道这一单生意你已经亏本了，一定要求客户帮你介绍另外一单生意，才能弥补你的损失。

十、求保密法

求保密法指要求客户对于成交的实际价格予以保密，并明确告知客户：下次客户介绍来的客户肯定不能再享受同样的价格，要让客户觉得自己占到了大便宜。

以上这些方法，大家在使用过程中一定要活学活用，不能教条自己，更多时候是几个方法共同搭配使用，最终的目的都是让客户和我们顺利做成生意。

价格谈判的8个实用建议是什么

我在销售终端摸爬滚打十几年，总结了一些价格谈判的实战建议，希望这些建议在日后的价格谈判中能够对大家有所帮助。

第一个建议其实我在前面就已经讲过了，好的价格谈判人员都是好的演员，尤其是在一些高端谈判局中，价格谈判不仅仅是利益之间的博弈，更多的时候是心理层面的博弈。有时候，心理层面的博弈会决定利益博弈最终的胜利倾向。

一个好的价格谈判人员通过自己的表演让博弈方在心理上产生变化，那价格谈判就成功了一半。

请一定要记住：无论多聪明的客户其实都不知道产品的底价是多少，客户对价格的评估基本来源于心里对价格的锚定，这种锚定只是结果。影响锚定的因素有价格、品牌、媒体及周围人群的影响等多方面因素。我们能做的是在客户和我们接触过程中，改变他（她）

心里的锚定价格，把他的锚定价格由低向高引导。比如，客户只想花5万元钱购买这辆车，那你就要通过一系列技巧把锚定价格引导到6万元甚至是更高。引导的方法，有从产品角度的介绍、需求分析的匹配、价格谈判时技巧的运用、口碑的介绍等。这些方法综合起来，无非就是让客户的心理预期和产品相吻合，让客户觉得买这个产品值了，这才代表这次销售的胜利。

给客户便宜3000元和便宜3500元，对于客户来说，并不会因为多便宜了500元而有什么大不同，唯一的不同是他（她）觉得这次价格谈判战胜了你。对客户来讲，战胜销售顾问，比便宜500元钱更重要，因为500元钱是战果，客户更在意的是战胜的过程。所以，对于销售顾问而言，我们应该在谈判过程中通过技巧的应用让客户在心里觉得战胜了我们，而不是从结果上战胜了我们。说白了，就是让客户在价格过程中有赢的感受，但价格不会产生变化。如果达成了这种成果，这就是一次成功的价格谈判。

无论是身家百万，还是工薪阶层，如果去买袜子，卖袜子的商家告诉你：3元一双。你肯定会说：5元两双卖不卖？其实对于你来讲：一双袜子便宜5角钱不算什么，但如果卖袜子的人告诉你不卖，你很有可能会因为这5角钱而立即走人，寻找下一个5元两双的袜子摊。占便宜是人类的天性，也是人类趋利避害的体现，是我们骨子里自带的基因。所以，无论价格谈判多艰难，客户多难缠；或者价格谈判多容易，客户多好对付，你始终要问自己一句：我让客户占到便宜了吗？你必须让客户占到便宜，但这个便宜是心理上的，而不是物质上的。

我的第四个建议是价格谈判是双向的，不要把谈判变成单向。单向的谈判每次都是客户提出要求，你给予回复，模式就是：客户提要求，你负责回答同意或者不同意，这种谈判对销售顾问来讲，毫不公平！公平的谈判是双向的，当客户提出一个要求时，你也要反向向客户提出一个要求。比如，客户说便宜 5000 元能不能卖，那你也要问对方——保险在不在我这上呢？如果客户问你“再便宜 1000 元我就购买”，你是不是也应该说：如果便宜 1000 元，您能买 500 元的精品礼包吗？如果不能，那价格上很难协商。所以，请销售顾问记住：每次给予客户好处或者让步的时候，你都要拿回一定的利益。否则，这个谈判是失败的。

很多销售顾问现在学的越来越懒，每次价格谈判都找经理帮忙，更有甚者直接告诉经理：您帮我谈价格呗。这种做法只会导致你越来越觉得价格谈判特别难，也越来越不会进行价格谈判。

人总喜欢在自己的舒适区里待着，因为一旦脱离舒适区，就需要对抗身体和心理的不舒服，但人的成长都是脱离舒适区才能实现的。所以，价格谈判要自己谈，哪怕遇到挫折，哪怕遇到失败，只要你勇敢面对，总有一天你能学会价格谈判，而不是靠着别人的帮助完成销售任务。所以，你不要把价格谈判看得有多难，价格谈判就像帅哥想追美女，感觉她有很多人追，其实她很孤独。正因为大家都觉得美女有很多人追，才有美女配“野兽”！因为“野兽”从来不怕困难！这是我要告诉大家的第五个建议。

所有的技巧不能读了不用，读了不用只能证明你知道，但不能证明你会用。你知道和你会用之间相差的是实践。也就是说，我讲的这些技巧你要亲自去使用，如果不使用，所有的技巧都只能叫作别人的技巧，所有的文章都等于白读。

不要用先入为主的观念告诉自己：这个老师讲得不对或对。自己先去试试，试完了，再评判技巧的对错。不要用固定思维去看世界，要用动态的思维去了解这个世界。这是我要告诉大家的第七个建议。

有人说谈判是一种天赋，有人天生就会，这绝对是胡扯。以前古代皇帝总会让史书上记录自己出生时天有异象，现在的成功人士被别人标榜有多么厉害的天赋，这些都是浮夸。其实，人生来都很普通，大家差不了多少。

我不喜欢听哪些不用付出努力而取得成功的故事，我自己看到更多的都是经历各种磨难和痛苦，最后才站在云端之上。我认识每个成功人士都经历过很多艰难困苦，不是我们想的那么轻松简单就成功。所以，不要想着自己有或没有什么样的天赋，而是要不断训练自己，总结得失，反思自己的所行、所想。只要你每天坚持练习，任何技能你都能学会。我们不应该标榜天赋，应该标榜训练与坚持，这才是成功的捷径。

如何才能走出价格谈判舒适区

一、现象

我做到店辅导的时候发现了一个有趣的现象，很多销售人员做完产品讲解、需求分析以后，到了价格谈判环节，都喜欢把价格谈判交给销售经理或者展厅经理完成，美其名曰怕丢失客户，其实是懒惰、胆怯，不敢自己谈单。

总是让别人帮你谈单，你就如同一个七八十岁行动不便的老人，需要一根拐杖，离开了拐杖就无法行走。但你不可能在一个单位待一辈子，你的经理也不可能帮你谈一辈子单，这种自欺欺人的躲避困难的做法对你个人来说，只有短期效益。长期来看，只会延缓或阻止自己的成长。

二、舒适区

有人说价格谈判的技巧太难了，我学不会！其实，不是你学不会，而是你不愿意走出别人帮你谈单的舒适区，百度上关于舒适区是这么介绍的。舒适区是指人们固有的习惯、观念、行为方式、思维方式和心理定式，使人们处于一个只属于自己的“心理舒适区”。

心理舒适区是指人们习惯的一些心理模式，如果人们的行为超出了这些模式，就会感到不安全、焦虑，甚至恐惧。

三、舒适区的负面作用

沉溺于“舒适区”的人，会不思进取、故步自封。

沉溺于“舒适区”的人，其行为表现为：懒惰、松懈、倦怠和保守。久而久之，会感到迷茫和无助。

沉溺于“舒适区”的人，对现状充满着一定的满意度，既没有强烈的改变欲望，也不会主动地付出太多的努力，所有的行为无非是为了保持舒适的感觉而已。

很多销售顾问因为习惯了让别人帮忙谈单，习惯了这个舒适区，有时候即使想学习技巧，因为心理上的不舒适，也会用各种理由制止自己，比如太难、学不会、以后再学等。

四、解决办法

学习任何技巧，尤其是价格谈判技巧，如同我前面讲的“美女与野兽”的比喻一样。如果你是一名单身男士（单身女士），看到美女（帅哥），都会有高不可攀的感觉，总会觉得她（他）有很多人追，追求她（他）需要很高的条件。所有人都这么想，反而没有人追她（他），美女（帅哥）自己也很困惑，甚至倍感孤独，甚至也会自卑。最后，很多美女（帅哥）最后嫁给了“野兽”（娶了普通人)。你看到这样的景象时，总会大声地说一句：她（他）怎么会选择这个人！其实，不是她选择了这个人，而是这个人比所有人都勇敢而已。他（她）勇敢地向美女（帅哥）表达了爱意。

学习任何技巧和谈恋爱都有类似的道理，勇敢地跨出一步，你会发现：原来事情没有自己想得那么复杂，也没有那么难，很多事情自己是可以做的，也可以做好。退一步说，即使失败了，也无所谓，因为你还有很多成功的可能。失败是成功的妈妈，妈妈越多，你离成功就越近。

不要给自己的人生设限，也不要给自己的未来设定各种的障碍，走出舒适区，你会活得更精彩！

无论对面什么价格，我都比他低 500 元，你怎么办

汽车行业的竞争已经趋近白热化，汽车厂家天天要销量，他们的“三板斧”每天都在往商家的头上砍，第一把斧头——“压库”，第二把斧头——增加品类，第三把斧头——渠道拓展。

“压库”大家都懂，就是提车政策 + 金融，让你卖 50 台车的胃口吃掉 150 台车。如果你的团队能力强，周转快，这个库销比你能接受；如果你的团队能力弱，库存压力大，你就只能降价促销。

增加品类其实也是另外一种“压库”形式。厂家上了几款新品，你不进车肯定不行，原有产品也得进货，1+1 肯定大于 2。比如，原来库存车 300 台，进了几款新品，库存就到 500 台了，怎么办？赶快促销卖呗！

渠道拓展，大家也懂。原来，一个城市一家店；然后，一个城市两家店；再然后，一个城市 3 家店。原来的蛋糕叫一家独大，现在叫三国鼎立。

大家看过《三国演义》，魏、蜀、吴三国天天打仗，各种阴谋、

阳谋乱飞，为的就是多争点地盘，现实的汽车行业也是如此。有的时候，双方在车展上还会短兵相接，“KO”对手。

站在厂家的角度看，你们经销商不打不行。不打，市场就没有竞争，厂家的销量从哪来？但经销商打得太狠也不行。打得太狠，容易破坏产品的生态环境和经营环境。所以，商家打得狠的时候，厂家出来管控下；商家打得不狠的时候，厂家压点库，让你库存有点压力，你就不得不继续打了。

即使厂家安抚了、警告了经销商，经销商们也和谈了，但经销商本身还是会被“囚徒困境”折磨。下面，我举两个例子，大家对比琢磨一下。

两个犯罪嫌疑人被警方逮捕了，分开审讯。警察对 A 囚犯说：你如果不招供，你的同伙招供了，你判有期徒刑 7 年、他判 2 年有期徒刑，因为他有坦白交代的立功表现。如果你招供了，他没招供，你就是 2 年有期徒刑，他判 7 年有期徒刑。如果你们都不招供，那就都判 5 年有期徒刑。你觉得你应不应该招供。我了解到隔壁那个家伙马上就要招供了！

如果你是 A 囚犯，你听到这样的描述，你会怎么做？

客户进店，告诉你：同城 A 店给我这个价格，你家这个价格能卖给我车吗？如果不能，我立即去 A 店买。其他的都不用讲，把你们经理叫来，我就问他能不能这个价格卖给我车吧！

如果你是销售顾问，你听到上面这样的描述，你会怎么做？

上面两个例子是不是很像？这就是典型的囚徒困境。每天，都可能在我们的 4S 店内上演！那么，是不是厂家的做法是错误的呢？其实，我觉得厂家这么做也没什么毛病，如果我是厂家，我也会这么做，这就是市场竞争。

经销店是贸易企业，讲究的是左手进、右手出，是乙方。厂家是生产型企业，来料加工，形成产品，推向市场，是甲方。

甲方有选择商家的权利，乙方也有选择品牌的权利，你之所以在甲方强势压迫的状态下还坚挺着，证明你还是有利可图。否则，你换个品牌经销好不好？ 你拿 2000 万元的运作资金去理财好不好，为什么要承受这些压力呢？所以，有的老板冲冠一怒，干脆就来点绝的，告诉所有销售顾问：对方只要敢降价，我们就比他们便宜 500 元，干到底！如果你碰到这种“我都比他低 500 元”的情况，怎么办？

有人说：丁老师，你啰唆了一大堆，大家都知道这个问题，有解决办法吗？ 当然有，如果没有，我讲这么多干什么呢？ 如果想解决这个问题，你首先必须知道一句话：营销的最高境界不是卖好处，也不是卖价格，而是卖不同。这句话不是我说的，而是著名的营销专家路长全老师说的，我觉得这句话说得很有道理。

所谓的不同，就是差异化。如果同城相同品牌要避免陷入价格竞争的死循环，唯一的解决办法就是差异化。只有每天想着差异化，想着如何卖不同，才能走出价格的囚徒困境，也才能够有销量、有利润。那如何才能卖不同，如何才能实现差异化经营呢？这也是我一直研究的课题，我抛砖引玉，说几个有意思的方向，供大家参考。

一、产品差异化

如果大家的产品都是同一款式，价格也相同，你所需要做的就是让产品变得不同，加装就是一个好办法。加装有效地解决了产品价格透明的问题，因为加装以后，这款车已经不是原来的车了，这款车的价格也因为加装而变得虚虚实实，让客户无法做出更准确的判定了。所以，产品差异化的方法，更多的就是使用加装的方式，让产品和价格都变得不尽相同。

二、金融差异化

你们店内的金融产品越多，你能赢得客户的概率就越大，买车人未必都是全款买车的人，买车的人也未必都是信用良好的人，买车的人也未必不喜欢高价位的车……那些购车有各种阻碍且无法实现购车梦想的客户，只要金融产品给力，他们是很愿意立即成交的。这种差异化主要是看你们店内有多少种金融产品，金融产品越丰富，你抓住客户的能力越强。

三、服务差异化

服务差异化的口号已经喊了很多年了，可大多数 4S 店都是喊喊口号，很少有专门行动的。但是，一旦行动起来，你会发现：巨大的口碑效应会逐步显现出来，无论是售前，还是售后，在面对客户的时候都更加有底气。

例如，有的 4S 店要求售前人员 24 小时待命，如果客户在所负责区域发生事故，保险问题不知道如何处理，销售人员可以打车到现场帮忙处理，产生的费用公司给予报销，这就是典型的服务差异化。还有的店面组织异业联盟，和其他行业合作，根据客户的行业、职业组织各种小型聚会，帮助客户拓展人脉，这也是一种差异化服务。

四、人员差异化

人员差异化是很多4S店没有注意的问题！餐饮企业——海底捞马上要上市了，很多人都认为海底捞的成功是服务的差异化。其实，在服务差异化之前，海底捞取胜的关键是人员的差异化。试问：如果海底捞的服务员没有经过培训，手里没有权力，怎么可能发现客户的需求，怎么可以随手就送客户一些礼物？

要想让客户从信任到优越，从优越到忠诚，中间的桥梁就是销售顾问，销售顾问的素质和能力决定着客户对店面、品牌的感受。如果你们店内的销售顾问都不重视客户，不把客户当作朋友去服务，差异化天天喊也没用。

有人可能会说：丁老师，你说的这些应该是客户购车结束以后的服务。如果你这么想，就证明你没深入地去思考。例如，当客户带孩子进店看车，销售顾问发现孩子特别喜欢店内装饰车的毛绒玩具，销售顾问在客户临走的时候把毛绒玩具送给小朋友，你觉得这个客户对你们店和你个人是什么印象？类似的这种事情经常发生在海底捞，服务员发现客户喜欢吃西瓜，就可以在临走的时候送一整个西瓜给客户。可在4S店，销售顾问有这个权力吗？谁赋予过销售顾问这种权力呢？即使有了这种权力，怎么送，什么样的客户值得我们赠送，这些难道不需要培训和长期的习惯养成吗？这就是人员的差异化。

销售人员素质越高，服务意识越强，客户的满意度就越高，客户宁可多花点钱也愿意在你们店里购买车。

五、促销差异化

现在，对于销售顾问来讲，最难的不是没有客户，最难的是怎么把客户邀约到店，尤其是二次邀约，真是费了九牛二虎之力，结果客户还是不买账。其实，根本原因在于现在的活动名目都是站在经销商的角度去搞，客户也很明白：你让我过去，无非就是惦记我兜里的钱。这种促销的作用越来越不明显了，最早不明显的是店头活动，现在团购活动也在失去作用。客户对这种促销活动越来越反感，对于销售顾问的邀约电话越来越不想接。

我觉得：我们的 4S 店以后的活动可以更多倾向于新、老客户结合的形式，做促销差异化的尝试。现在，有一些店面开始尝试这样做了：当你把服务做好的时候，你的口碑效应明显，你反过来可以把潜在客户邀约到你们的老客户活动现场，通过这种形式促成交易。这应该是未来的发展方向，但现在很多 4S 店不敢搞这种活动，怕老客户满意度低，怕做了这种活动反而丢失客户，纠结的很。

以上就是我对“无论对面什么价格，我都比他低 500 元”的价格竞争态势给出的大致解决方向，这些方法也不算什么新方法，仅供大家参考，希望起到抛砖引玉的作用，希望能够激发大家的思考。

车展价格谈判和展厅价格谈判差别在哪，怎么应对

一、车展价格谈判和展厅价格谈判的差别

车展价格谈判和展厅价格谈判的差别还是非常明显的，如果对两者的区别不了解，在谈判的时候会出现很多问题。车展价格谈判和展厅价格谈判的主要的区别有以下几点。

（一）节奏不同

展厅谈判节奏慢，车展谈判节奏快。

展厅谈判时，因为环境舒适，而且相比车展安静，客户可以在一个舒适的空间环境下认真考虑。所以，谈判节奏慢。

车展受制于场地限制，环境又比较嘈杂，客户希望早点买完，早点结束。所以，谈判会很快转到商谈具体价格环节，节奏会更快。

（二）主客场不同

展厅谈判，销售顾问有主场优势。车展谈判，销售顾问属于客场作战。

展厅谈判，销售顾问能够借助的力量比较多，同事也会帮忙。另外，在自己熟悉的环境下谈判，销售顾问的底气也很足。有些 4S 店离竞品店比较远，客户受竞品的干扰也非常少，更容易成交。

车展谈判，这属于客户的主场。因为所有的品牌都集中在车展上，大家彼此都是邻居。对于客户来讲，东边不亮西边亮，不买 A 品牌，可以买 B 品牌，可选择的空间非常大。而且，竞品为了抢单，肯定不会给你留情面，对客户至少能说出 10 个以上你所售产品的缺点，价格也肯定砸到你心疼为止。

（三）价格控制程度不同

展厅价格可控，车展价格不可控。

展厅销售，价格大多数情况还是可控的。因为在一个店内，客户无法做太多对比。但是，车展上的情况就不同了，车展上如果同品牌有多家店都在车展上，彼此又竞争激烈的话，很容易陷入囚徒陷阱。客户说：A 店给了这个价，B 店你要是不能给，我就去 A 店提车。B 店的销售顾问一听这话立即就“毛”了，肯定会找领导申请价格优惠：A 店能卖的价格，为什么我们不能卖？如果销售经理把价格放下来，价格体系瞬间就崩塌了，A 店、B 店就会陷入价格竞争的双输模式，这在车展是很常见的。所以，车展的价格不可控。

（四）客户群体不同

展厅的客户群体，只要是你邀约来店的，基本上都是这个价位段的群体，买车也会在这个价格区间看车，销售顾问相对比较好判断客户属性。

车展的客户群体比较复杂，各类人群都有，来看车的未必都是你的客户群体，也有可能完全是看热闹的。另外，车展上同价位的车型很多，国产的、合资的，大家都在分一块蛋糕，销售顾问在判断客户属性的时候会更加困难。

二、如何应对车展价格谈判

既然有上述这么多区别，销售顾问在车展上谈价的时候应该怎么办呢？下面，我给出几个建议供大家参考。

（一）手起刀落，速度要快

车展谈判切记磨蹭，客户来车展看车，心心念的就是价格便宜不便宜。所以，客户来了，不要有太多的犹豫，确定客户的购买意愿以后，接下来就直接进入谈判环节，不要拖拉。车展比的不是你的销售技巧有多强，比的是你成交有多快。

（二）放价要狠，收口要紧

在车展上放价的时候，不要像展厅一样放价节奏慢，钝刀子割肉慢慢来。发现客户购买意向明确以后，该放的价格一定要放出去。放价要狠，但这个放价并不是让你一次全放空，但至少第一次放价要让客户感受到优惠力度很大。当你把价格放到位以后，就不要再犹犹豫豫了，态度坚决，收口要紧——该给的都给了，不该给的坚决不给。不要让客户觉得还有讨价还价的空间。

（三）该走的让他（她）走，该留的一定留

价格谈判时，有些客户的期望值太高，恨不得拿 6 万元钱买到 12 万元的车，还不贷款，还想各种优惠都享受。对于这种客户，你花费一天的时间也未必能把他（她）的期望值降下来。所以，你还是抓紧让（她）他到别的展台转转，不要浪费客户和你的时间。

对于诚心想买车的客户，如果价格、车型及颜色和保险、贷款等都谈得挺好，就差一点点价格就可以成交了。这时候，你就别绷着，把价格给到位，赶快成交。这种客户你要放走，再想让他（她）回来可就有点难度了。

（四）制造从众心理，营造销售氛围

车展销售，销售氛围很重要。如果犹豫的客户看到别人已经购买了，也会让他（她）下定决心购买。销售顾问要善于营造氛围，制造从众心理，这和服装店卖衣服是一个道理。有的服装店，当有店员成交，店长总会喊一句口号，“恭喜某某某”，所有店员也会一起喊口号鼓掌，看似是在激励团队，其实也会给店内的其他客户带来很大的影响，加速他们做出购买决定。

车展的价格谈判和展厅价格谈判，在方式、方法上有明显的不同，大家要根据以上的参考内容在车展实战中多揣摩、多应用、多总结。

第四章

邀约客户到店的 11 个问题

导 读

邀约客户到店难的原因

为什么说邀约首先是概率问题，其次才是技巧问题

为什么说电话邀约不成功也不怕

邀约时，不同的客户类型，怎么应对

如何设计成功的邀约话术

什么是梯次目标邀约法

5 种特殊的电话邀约方法，你会几种

电话邀约话术 13 个常犯错误都是什么

电话邀约时，客户更倾向于竞品怎么办

作为新人，为什么我总是邀约失败

日常邀约和活动邀约有什么不同

话术到底是什么

邀约客户到店难的原因

邀约目前是汽车销售顾问最为头疼的一个技能模块，无论是需求分析，还是价格谈判，前提都是客户必须到店。现在，很多销售顾问对如何邀约客户到店这个问题最为苦恼。如果客户不到店，成交也就无从谈起。

邀约之所以这么难，其实是人们的信息获取渠道和路径发生变化造成的。

10 年前，大多数客户如果想购车，获取信息的渠道大多是纸媒，也就是传统的杂志和报纸，或者是电视、电台等传统媒体，了解信息后到店内寻找自己心仪的样车。一名客户从了解车辆信息到真正成交，至少要光临 4S 店 4 次 ~7 次。而且，对于销售顾问给予的建议，客户也会积极回应。

10 年后的今天，客户一般都是通过互联网、移动互联网获取相关购车信息，获得的购车信息非常全面，从价格到配置，再到用户口碑，客户都能从网络上找到相关信息。原来，客户需要到 4 S 店内了解的各种车辆信息，现在在网络上直接就能获取，这就导致客户进店的次数急剧减少。很多客户基本上会在网络上选择心仪的几款车后再去 4S 店，而不是到汽车商圈寻找心仪车辆。与此同时，销售顾问在客户心中的形象和定位也慢慢变得模糊和不重要。原来，销售顾问扮演的是专家形象，为客户购车提供非常多的信息和建议；现在，有了互联网，客户对于销售顾问的依赖程度已经非常低。而且，随着信息来源的增多，一些关于销售顾问负面的信息也会传播给客户，客户对于销售顾问的邀约会更具防备心态。另外，汽车行业也从初始竞争阶段进入了全面竞争阶段，大量的企业、品牌进入这个市场，客户可选择性越来越多，汽车市场也从甲方市场彻底进入了乙方市场，客户对于品牌、服务、性价比等因素考虑得越来越全面，这也导致销售顾问邀约越来越困难。

这一章里，我们将销售顾问在实际销售活动中遇到的邀约问题进行汇总，并给出解决办法。

为什么说邀约首先是概率问题，其次才是技巧问题

这一节，我和大家聊聊我自己对邀约的一些看法。其实，邀约也好，销售也好，大家的认知可能都存在误区，尤其是邀约方面。我希望下面这些内容对你有所帮助。

首先，我要告知大家一个情况：你知道的邀约可能和我了解的邀约不一样！为什么这么说？请看下面这 4 个问题。

1. 邀约首先不是技巧的问题，而是概率问题，你知道吗？

2. 合格的邀约只需要用“最笨的方法”，优秀的邀约才需要技巧，你知道什么是“最笨”的方法吗？

3. 销售一点都不体面，销售是个体力活，邀约更是个体力活，你知道吗？

4. 邀约和菜市场卖菜是一个道理，你知道吗？

5. 你总觉得客户在为难你，但其实是你自己在为难自己，你知道吗？

大家要懂得的第一个基础认知是：邀约也是符合帕累托法则的，也就是我们俗称的“二八法则”。这个法则是英国人帕累托提出来的，目前在各行各业都有广泛的应用，我们经常听到的就是社会上 80% 的财富集中于 20% 的人的手里，其实就是说的这个原理。邀约也是如此，邀约不成功是正常的，大家不要被每次邀约被拒绝感到很难受，或者质疑自己、质疑产品，这都没必要。因为 100 次邀约，成功 20 次就很不错了，大多数销售顾问的邀约成功率基本上都是这个水平。一个店的邀约因为销售顾问能力的不同，有的销售顾问可能略高于这个数值，有的销售顾问略低，但平均下来，100 次也就成功 20 次。注意：我这里说的是邀约次数，不是人数。邀约与人数和电话频次都有关系，但频次的影响要大于人数的影响。也就是说，多打电话最重要，其次是多给更多的人打电话也非常重要。所以，邀约的最笨的方法但最管用的方法就是多打电话、多“集客”。很多销售顾问对于这个说法不屑一顾，总想着一锤定音、一招制敌、一步登天。在这里，我认真地告诉你：如果你有这样的想法，只能说明你还不了解销售的本质。

我谈到这个方法是想告诉大家：销售是一个体力活，也是一个脑力活，但刚开始时，它一定是体力活。大家不要想着天上掉馅饼、兔子撞大树这种画面，这种画面即使有，肯定也轮不到你。做销售的人，首先就要勤奋，人家玩手机的时候，你打电话；人家下班的时候，你还在打电话；人家休息了，你还拿着单页在自己“扫楼”……你想不成功都难！

我认识的一个销售国产品牌汽车的小伙子，全年无休，公司劝他休息都不休息。结果，他全年卖了将近 400 台车，月月是销售冠军。他和我讲：他不休息的原因是因为他每次休息都会错过很多机会，不休息就会比别人打的电话多、接的客户多，总会比别人多一些机会。如果每一名汽车销售顾问都有这样的理念，我相信他（她）拿到销售冠军是易如反掌。

你接待 1000 个客户，别人接待 100 个客户，即使你什么技巧都不会，你肯定比对方卖的产品多，因为你的基数比别人多很多。所以，别和我说你很努力，请再对自己狠一点！你来做销售工作就是想多赚钱，想赚钱就要多打电话、多“集客”。先勤奋，再谈技巧，天天在展厅聊微信、玩《王者荣耀》，学多少技巧也没用的。

有的销售顾问问我：丁老师，那我总是给客户打电话，客户反感怎么办？首先，给客户打电话是有节奏的，不是让你一天给人家打 10 次电话。其次，按照你现在打电话的频次（比如一天一次），反感你的客户真的不多，其实是你自己的恐惧心在作怪，你特别怕拒绝，怕被客户怼，怕客户的谩骂，这会让你的小心灵无法承受。所以，我送你一句话：当你选择销售这个行业，你就已经“没有脸面”了，但只要你勤奋、认真、努力，客户会把“脸面还给你”，且会让你特别有成就感。

曾经，有一个销售顾问和我讲过他的故事。最开始做销售，他总是被客户拒绝，甚至被客户骂得哭鼻子。但是，通过他的努力，慢慢地认识了不少客户，客户大都成了他的朋友，在工作上、生活上都给了他很多帮助。有时候，客户路过他所在的 4S 店，还会进来给他拿点零食、水果之类的东西，过来看看他，他感觉特别开心。

听了上面这个故事，你可能会说：丁老师，你说的是个案吧，我怎么没遇到这么好的客户。你没遇到这样的客户，那是因为你没有用心和你的客户交流，你想到的只是把车卖出去，而不是把自己推销出去。做任何产品的销售工作，产品不重要，你这个人最重要。

我前面说过，一个店的平均邀约成功率也就是20%，但有的人可能更高，有的人可能更低。低的人和高的人，如果面对的都是同样的客户，差距就在技巧，邀约的技巧，我会在后续内容中陆续与大家分享。

无论你学了什么技巧，请记住下面这两句话。

每次打电话之前都要问问自己的目的是什么？想好目的和说辞后再行动！

每次打完电话，无论成功或者失败，都要问问自己，自己为什么成功了，或自己失败的原因是什么。

多听自己的电话录音，你觉得的和你听到的差距很大。我做网电微辅导的时候，经常把销售顾问的邀约录音放出来给他本人听，销售顾问自己听完会发现很多问题，也很惊讶自己做电话邀约时怎么会说那么多无厘头的话。事实上，我们总是高估自己的能力，总认为自己没有问题，这种思想会严重影响你进步。所以，听录音和反思每一次的销售过程都非常重要。

我发现：大家会把公司每天给自己定的邀约任务当作工作任务来完成，甚至还会抱怨。我觉得你可能想错了方向，公司其实就是平台，尤其是销售类型的公司。这里，我把公司比喻成菜市场，它出租摊位给我们，我们在里面卖菜，每一家的菜都差不多，都有黄瓜、茄子、西红柿，但并不是每一家的生意都一样好，生意好不好的决定权在你自己手里。千万不要把销售类的工作当成是给老板打工，销售类型的工作都是给自己打工，你自己就是老板，你是凭能力赚钱的，不是混饭吃的，这个概念也是要了解和清晰的。如果不了解这个概念，你就会产生很多负能量，会觉得公司哪都不好，产品哪都不好，这就很可怕——对于你的职业生涯来说。

一些销售顾问会觉得客户总是为难你，你越是这么想，为难你的人越多。百度上有这样一个故事，下面，我分享给大家。

有一对兄弟，哥哥来是悲观主义者，弟弟则是乐观主义者。

圣诞节快到了，父亲送给哥哥一架小巧的自动玩具飞机，它可以做出各种动作；父亲只在弟弟的袜子里放了些马粪。

圣诞节的早上，有位叔叔来拜访，他问哥哥："圣诞老人送什么礼物给你啦？"

哥哥回答："烂透了，我得到一架飞机，它自己什么动作都会做，根本用不着我动手，一点意思都没有。不好玩。"

叔叔又问弟弟："圣诞老人给你什么了？"

弟弟说："没有比这再好的了！他给了我一匹活生生的小马，只不过，小马在我起床前跑掉了！"

乐观和悲观会让你有不同的人生，销售需要勤奋的精神，也需要乐观的心态。因为你的乐观态度会感染你自己，也会感染你的客户。请记住：产品是没有情感的，但你是有情感的；客户可以不勤奋，但你必须勤奋！

邀约，多打电话才是迈出成功的最关键、最重要的一步！

为什么说电话邀约不成功也不怕

如果我告诉你，邀约不成功也不怕，你是不是觉得终于遇到了一个知音，以后再也不怕邀约被客户怼了！但是，我说的邀约不成功也不怕，和你理解的可能有一点点小不同。

邀约的目标是什么？有人告诉我：邀约的目标当然是为了成交，地球人都知道啊！

没错，邀约的目标是为了成交，但你扪心自问，你每次的邀约都是从成交的角度展开的吗？

每次邀约，你是不是开始了话术三板斧行动。第一板斧：告诉客户有新车。第二板斧：告诉客户有活动。第三板斧：告诉客户有车展。你是不是循环往复地使用这三板斧？客户同意了，你开心；客户拒绝了，你挂了电话，马不停蹄的用你的三板斧继续给下个客户打电话。这样的举动不是敬业，是盲目。

你知道我为什么说“话术三板斧”是盲目的吗？下面，我来给大家分析。

销售活动是一个整体，我们把销售分成邀约、接待、讲解、谈判、交付等几大环节，是为了方便大家理解销售活动、学习销售技巧，但这种做法也误导了大家，大家会割裂地看待每个阶段的问题。技巧销售是一个整体，每个阶段相互之间都是有关联的，并且会彼此影响。比如，产品讲解的好坏直接会影响价格谈判，同样一款车，放在不同的人嘴里来讲，及格的销售顾问能讲出物有所值的效果，优秀的销售顾问能讲出物超所值的效果。如果客户觉得物超所值，客户在后期谈判时还价的幅度会小很多。再比如，第一次接待的好坏又会影响邀约的效果，如何交车也会影响"保客营销"。请记住：销售是一个整体，我们把客户邀约到店的终极目标是成交，把产品卖出去。这个道理大家可能都懂，也会告诉我：丁老师，你说的不是废话吗，我邀约客户到店当然是为了成交了。话，你会说，但实际操作中，你根本不是这么做的。我举例子说明为什么说大家会说不会做，读者可以自己对照下。

比如，你打电话的话术，基本上就是三问法：先生，您考虑得怎么样了？先生，新产品上市，要不要过来看看？先生，有个全年的大型活动，机会不能错过，您参加吗？

你问完这些话后，如果客户拒绝，你直接就把电话挂了。下次，再重复这样的三板斧。

上面的问题，我们换个角度讲，大家就会明白。假如你是一位单身男士，你追一个女孩子，你向人家表白，说：可以做我女朋友吗？结果，人家拒绝了，那你是不是过段时间还是再问：你可以做我女朋友吗？如果这个女孩还是拒绝了，你是不是下次还要再问同样的问题。我相信你肯定不会这么表白，但如果你把客户当作你的女（男）朋友来看待呢？你做的邀约三板斧和不断愚蠢地表白有什么区别呢？

你追求一个女孩（男孩），你的目标是让她（他）做你的女（男）朋友，你可能不会像我们上面说的只会不断连续的表白。你会问她（他）喜欢什么电影等问题，了解她（他）的兴趣爱好。然后，你根据这些兴趣爱好去讨好女孩（男孩）。你了解的女孩（男孩）的这些兴趣爱好叫作什么？叫作信息！然后，你慢慢地获得了对方的信任，最后成功追到女孩（男孩）。搞定客户的过程虽然和追女孩（男孩）有一定的区别，但本质上是一样的，都是从不信任到信任的过程。所以，邀约给你的最大机会不是客户来不来，而是客户给了你交流的机会，这个最难得！

我们说了，邀约的最大利益是客户给了你和他（她）交流的机会。说白了，假设单身的你在路边看见了一个心仪的女孩，但你们没有任何交集，只是擦肩而过，你虽然对人家一见钟情，但貌似很难有机会认识对方。但是，如果这个女孩不小心把手里的文件散落下来，你赶忙跑过去帮助女孩捡起来，这个时候，你就有了和女孩交流的可能。文件掉落给你创造了和女孩交流的机会，邀约也是如此，无论是电话，还是微信，你邀约客户的这种行为，其实都是创造了一次你和客户交流的机会。这种交流有什么好处啊？最大的好处是可以获得客户的信息。你在现实生活中肯定会有闺蜜或好朋友，你们之所以是闺蜜或好朋友，原因就是你对他（她），或者他（她）对你特别了解。什么叫特别了解？ 特别了解就是相比较其他人而言，他（她）获得你的信息比较多，他（她）知道别人不知道的关于你的信息。我们和客户交流，其实也是为了获得信息。有了信息，你就可以应用信息和客户进行互动。你追一个女孩，问对方喜欢什么样的电影，她说喜欢战争动作片，你就获得对方的一个信息，你就可以通过这个信息和这个女孩交流。你可能会说：我也喜欢动作片，听说最近的《战狼 2》特别好看，我们要不要去看看？你的所作所为就是通过信息和女孩进行了互动，从而产生交集，增进了彼此的感情。

你邀约客户的时候，客户也一定会给你一些信息。如果客户没给，那一定是你没有问。有了信息，就会产生互动，有了互动才会慢慢产生信任。所以说，邀约不要总是盯着买卖成交。如果你和客户彼此信任了，卖辆车是水到渠成的事。如果你和客户之间没有信任，你每次邀约都可能要吃闭门羹，因为你和客户的关系没有更近一步。

既然获得信息很重要，那要获得什么样的信息呢？我认为有 3 种信息是你要获得的。

第一种信息当然是对销售有帮助的。比如，客户具体想买什么价位、什么配置的车喜欢什么颜色的车，何时买……这和我们见到客户做需求分析问的问题差不多。电话邀约本质上也是一种需求分析，这种信息的获取是有方法的，我们在后面的内容中单独讲。

第二种信息是能够彼此增进关系的。比如，客户的喜好，客户的工作，客户的家庭情况……比如说，如果客户喜欢钓鱼，恰巧你也喜欢，你们交流的重点可能就从车转移到了钓鱼上面，这种交流会快速拉近彼此的关系。

我认识的一个销售顾问，他电话邀约时了解客户是做家电生意的，他恰恰有朋友要买家电，他就把朋友推荐给了这个客户。客户非常高兴，不仅给买家电的这个朋友打了折扣，最后还购买了销售顾问的汽车。三方都非常满意，大家彼此还成为朋友。这就是典型的拉近关系。

第三种信息就是能为下次交流做铺垫的信息，也就是我们通常说的“留垫子”。比如，客户问你某款车带导航和天窗的要多少钱，你可能明知道答案，但你告诉客户：李先生，这个价格我忘记了，因为这次活动有折扣，具体多少钱，我需要算一下，等我算出来了，我再给您打电话。这就是典型的“留垫子”，这个“垫子”就是下次你邀约电话的借口。而且，这个借口一点都不生硬，客户也愿意接受。你每次打电话邀约的时候，都要思考，你能在哪里留下“垫子”。

阅读了上面的内容，你就能理解我说的——“邀约的目标并不是到店，邀约的最大目标是为了成交”。围绕着成交这个目标，我们有很多事可以做，未必只是单纯问对方来不来店里。不来店里，还有很多信息可以和客户交流，但这种交流是需要你事先就进行布局思考的。所以，大家每次邀约前和邀约后，都要问问自己下面这三句话。

邀约前，问问自己：除了邀约客户到店，我还想获得什么信息？我应该怎么获得？怎么引导客户告知我？

邀约失败了，也要问问自己：虽然我失败了，但我有没有获得让成交更进一步的信息？如果有，你可以赞美下你自己——这其实也是一次成功的邀约！

邀约失败后，第二个要问自己的问题是：虽然我失败了，但我有没有“留垫子”？如果留了，那我下次还有机会，我还能有机会搞定这单生意！

如果你按照我上面教给你的思路走，我相信：你的邀约会越来越好。

最后，我要告诉大家：实践才能出真知，不能纸上谈兵，要行动起来！我讲的每一种邀约方法，你都要去尝试，不能只看不动。而且，做销售没有“一招鲜，吃遍天”的好事，每一种邀约方法不可能适用所有的客户。所以，你需要不断学习，不断思考，不断让自己进步。

邀约时，不同的客户类型，怎么应对

你是不是特别困惑，为什么每次邀约，你的客户都问你车还能便宜多少钱这种话题？

你是不是特别郁闷，每次邀约，客户都把你逼上死角，让你无路可退？

你是不是觉得，为什么所有难邀约的客户都让自己碰上了？

…………

如果我告诉你，这些问题的根源在于你自己，你信吗？

导致这些问题产生的根源是你从来都没有进行客户分类，无论什么类型的客户，你都用同一种话术对待！说得好听点，你这种方式具有一往无前的英雄气概。说得不好听点，你这种方式其实和自己“杀掉”自己的生意没什么区别。

做销售工作，你一定要明白：不是你想给客户什么，而是客户想要什么。有些时候，我们习惯从自己的角度出发，以为我们给的就是对方想要的。举个例子，你一直给对方水果糖，你认为你已经把最好的给了对方，但对方有糖尿病，根本无法吃糖。所以，对方对你的做法并不认可，也不需要。

今天，我们重点讨论的不是能不能吃糖的问题，而是想聊聊都有哪些类型的客户，以及如何判别客户是什么类型的问题。

判定你的客户是什么类型，基本的方法就是靠整理你收集到的客户信息判定，我为什么在前文强调信息交流的重要性，其意义也是在这里。如果你不了解客户的信息，你就很难对客户做出判定。你判定不了客户，你就只能用最简单、最粗暴、最不管用的方法——问客户到底买不买车。下次，你还继续问同样的问题，其实归根结底就是你了解的客户的信息太少了。

下面，我假定大家都了解了客户信息，根据了解到的信息，我们将客户分成以下几类。为了让大家记忆深刻，我们下面按照鱼的属性归类客户，拟物化。

一、“金枪鱼”客户

“金枪鱼”客户，是指基本上已经确定要购买你的产品，但在购车的细节上还需要商定的客户。邀约这种客户时，他会问许多具体的问题，比如手续如何办或具体的某一项配置的功能等，在价格方面的疑惑相对较少。在价格方面，这类客户最多会问一句“价格还能不能再便宜点”，如果得到否定答案，基本上也不再在价格上纠缠。

邀约“金枪鱼”客户的难度不大，但也有一些注意问题，如邀约的频次要及时。因为任何购物都不是完全理性的，都含着冲动消费的因素，一定要在他（她）还没有彻底冷静下来时让他（她）快速做出购买决定。否则，迟则生变。再如，邀约这类客户的语言要以肯定为主，肯定他（她）的选择；同时，邀请他（她）到店，为他（她）详细解释保险、贷款等手续问题。而且，你可以用稀缺原理做诱饵，告诉对方这款车库存不多；同时，以早买早享受作为“逼单”手法，促进客户的购买决心。基本上，你做到上述这些，这类客户就差不多可以搞定了。

二、“鲫鱼”客户

“鲫鱼”客户指的是还不能确定这类客户买什么样的产品，但这类客户的小问题比较多。比如，资金不足，个人贷款资质有问题，或者对于产品比较挑剔而在多个产品间徘徊。

我就遇见过“鲫鱼”客户，手里就 6 万元钱，什么都算下来，6 万元钱就想提车，但还不想要配置低的车。对于这种客户来讲，价格最重要，配置也重要。

如何应对“鲫鱼”客户呢？邀约的时候，要尽可能帮客户解决后顾之忧，比如贷款资质。对于客户想用最少的钱买配置好的车，要降低客户的期望值。这类客户一定要邀约到展会上搞定，从众心理对于这类客户的影响很大，看见别人买，他（她）自己也会主动要求下单购买。

三、“河豚”客户

“河豚”客户一般是在几个竞品之间做比较，几选一或二选一的状态。如果处理不好，就像河豚中毒一样，这类客户容易被抢走。

邀约这类客户的时候，他（她）会突然问一些具体的配置，如突然问你“这个车带不带自动巡航”等话语，这其实是他（她）内心正在作比较的反应。

对待“河豚”客户，邀约时一定要问清客户作比较的竞品是什么。问清了以后，运用竞品话术打消客户的疑问。注意：不要诋毁竞品，尽量让客户觉得你的话客观公正；同时，觉得你是在为他（她）考虑。一旦你诋毁竞品，客户有可能流失。

四、“泥鳅”客户

“泥鳅”客户比“较滑”，什么都说得好好的，就是迟迟不下单，每次邀约都说来，但经常放鸽子。“泥鳅”客户防备心理很强，认可的就是价格，比较爱占小便宜，哪个车优惠幅度大就选哪个车。在邀约的时候，客户基本上和你谈的都是价格。

邀约“泥鳅”客户，一定要让客户有赢的感觉。再者，这类客户不适合频繁邀约。最后，这类客户适合邀约到大型团购会上看车、购车。

五、“食人鲳”客户

对于销售顾问来说，“食人鲳”客户的价值很小，但也有一定的价值。这类客户可能在邀约中直接就告诉你，他已经买完车了。这个时候，你不要着急挂电话，要问清客户买了什么牌子的车，是真买还是假买了。有些客户因为厌烦销售顾问打电话，故意说自己买了车，这就需要验证真假。如果发现客户没买车，那依然是你的客户。如果客户买了车,那也要问清买了什么牌子的车,并恭喜客户;同时，可以告诉客户：要保持联系，有什么问题随时沟通，你依然愿意为他（她）解答车辆的疑难问题。多个朋友多条路。

如何设计成功的邀约话术

这一节，我想和大家交流的是如何沟通，请注意，不要把它当作沟通课程来学，我是借着沟通给大家讲邀约话术如何设计。因为邀约本质上就是沟通，沟通就会说话，把话说好其实是有方法的。

沟通这个词最早见于《左传》，指的是两条河水相通。我为什么说所有的邀约技巧都是沟通技巧呢？因为你邀约客户是想让对方来店里，然后把产品卖给对方，无论对方来不来，你都希望彼此之间信息传递、互通无误。这种信息的互通就如同河水的相通一样。所以，邀约其实就是一种沟通。

我在前文讲过，邀约的终极目的是为了销售，而每次邀约都要采用一些技巧，这些技巧统称沟通技巧。沟通是为了什么呢？沟通是为了彼此信息互通有无。请注意：我这里说的是彼此。也就是说，你会获得客户的信息，客户也会从你那里获得信息。信息互通可以促进销售，你了解客户的信息越多，你就越能明白客户想要买什么车；而客户了解的信息越多，也会越清晰地明白自己到底想选什么样的车。

既然沟通是双向的，那么，沟通的技巧就是要站在双方的角度去考虑。我们先从发起者，也就是销售顾问的角度来考虑沟通问题。作为发起者，我们进行邀约，其实有4个问题需要解决。

第一个问题，邀约的目标是什么？有人可能问：你不是说沟通的终极目的是销售车吗？没错，沟通的终极目的是为了卖车，但我这里说的目标是一次具体的沟通目标：为了实现销售车的目标，你设定的小目标是什么。如邀约客户来店，是为了获得客户的某个信息，大多数销售顾问都把目标设置为邀约来店，这是有问题的。

第二个问题，选择邀约的方式。邀约不一定通过打电话实现，电话只是邀约的一种工具，可不可以通过微信邀约？可不可以通过短信邀约？甚至可不可以通过视频邀约？都可以的，就看你怎么选择了。不同的邀约方式会有不同的效果，你一定要思考好。

第三个问题，邀约的方式确定下来，就要考虑内容了，也就是这次邀约要怎么说。我们很多销售顾问做邀约的时候不事先思考，拿起电话就打，结果说的话驴唇不对马嘴，毫无逻辑。你说得滔滔不绝，但顾客听得满头雾水，所以，在邀约之前，你要考虑怎么说才能让对方听明白！内容要设计好。

目标定了，方式定了，内容也定了，是不是可以邀约了？这还不行，还要考虑如何和客户互动。如果没有互通就不是沟通，那就变成演讲了。演讲是单向的，你说，对方听就行；但沟通是双向的，不仅你要说，你还期望客户也要说，因为你期望获得客户的信息，他不说，你的信息从哪来？

如果你只站在了销售顾问的角度邀约，那么，就变成了你以为的就是你以为的，你没有换位思考。所以，你就要站在客户的角度考虑如何邀约。站在客户的角度考虑邀约，第一个问题就是客户为什么要听销售顾问的长篇大论，销售顾问讲的内容和客户有什么关系？是对客户有利益，还是让客户产生了兴趣，还是抓住了客户的关注点，还是让客户很好奇？

销售顾问在邀约客户的时候，总认为价格就是利益点，结果往往会陷入被客户不断问价的尴尬中。除了价格，很少有销售顾问能在邀约中涉及兴趣、爱好等内容。

邀约，光让客户愿意听还不行，还要让对方听得明白。这里听明白的意思是：你要根据客户的文化水平及职业、职位等因素来组织邀约语言和内容。如果对方的文化水平不高，你的话就要通俗易懂，接地气。如果对方文化很高，地位很高，你的话就要高大上，讲究专业性。所以，说话内容的俗和雅是由客户的水平决定的，你和一个文化低的人讲专业性，讲了一堆术语名词，顾客虽然“不明觉厉”，但这次沟通的效果和实际意义都不大。

第四个问题，如何让客户愿意行动——我作为一个客户听了你说的话，怎么才能让我有去 4S 店里参加你的活动的冲动呢？这就涉及左脑与右脑的激发的因素了。

一般而言，理性选择靠的是我们的左脑做出，理性其实就是客户内心会多方进行比较、对比，思考利弊；而感性选择是靠我们的右脑做出，感性就是这款车带给客户的情感冲动和意义。所以，你在邀约客户的时候，你的话术和内容既要激发客户的左脑，还要激发客户的右脑，这样，他（她）行动起来的概率就很大。有读者会问：丁老师，激发他（她）的右脑让他（她）冲动消费不就行了，为什么要激发左脑？因为单独激发右脑，那客户回过神来反悔的概率很大，而且会排斥你，觉得被你忽悠了。但是，激发右脑后又激发了左脑，这就会让客户觉得他（她）做这个决策时是经过深思熟虑的。

如何激发左、右脑，我们在后续的邀约技巧中会和大家继续分享。

沟通还有一个很重要的前提，那就是平等和尊重。很多销售顾问怕丢失客户，总是低人一等，见到客户也是低三下四的。我在这里郑重告诉大家：完全没必要，我们是靠劳动赚钱。你有钱，但我有货。你可以不买，我也可以不卖。你是人类，我也不是鸟类。咱们只是社会分工不同而已，虽然我们是服务行业，但服务行业不代表着低贱。所以，邀约客户时要大大方方、不卑不亢，这一点非常重要！

相信读者阅读了以上内容，对于邀约话术怎么设计，自己心里应该有点谱了。下面，我在这里再总结一下：

1. 邀约的目标要明确。

2. 邀约内容的逻辑要清晰。

3. 邀约之前想好邀约的方式和互动的方式。

4. 邀约的内容要让听者感兴趣，愿意听。

5. 邀约的内容要让听者听得明白，并愿意行动。

6. 邀约的双方彼此是平等的。

什么是梯次目标邀约法

这一节，我们聊一聊邀约技巧中非常重要的一个技巧，也是邀约所有技巧中必须最先掌握的一个技巧，这个技巧的道理很简单，但使用起来不是很容易。下面，我们先看一个案例。

小明放学回家，妈妈让小明去写作业。

小明说：妈妈，我不想写作业。

妈妈说：不行，赶快回屋子里写作业。

过了一会，小明从屋里走出来，和妈妈说：妈妈，我想去河边玩。

妈妈说：不行，在河边玩多危险啊，玩的时候溺水了怎么办？

小明说：妈妈，我不去河边玩，我去楼下和小朋友玩一会儿。

妈妈说：不行，万一你被坏人带走了呢？你作业还没写完，赶快写作业去。

小明带着哭腔说：妈妈，您不让我去河边玩，您也不让我去楼下玩，那我在家看电视好不好！

妈妈说：那好吧，那你就在屋里看一会电视吧。

看完上面的案例，请大家回答一个问题：小明的真实目标是什么？

在邀约中，我在这里给大家引入一个新的概念，叫作有效电话和无效电话。很多销售顾问认为，打了邀约电话，客户不来，销售顾问自己不觉得被客户拒绝了有什么问题，属于正常的，但在我看来，这是不正常的。每个人的工作时间都那么多，如果这么打电话，那就太浪费时间了，因为没有获得客户的任何信息，这种电话就是无效电话，或者称为无效工作，没有任何意义。但是，如果你在这次电话邀约中，即使客户没来，你还有其他收获，这种电话就是有效电话，也就是这个电话没有浪费你的工作时间。假如你电话邀约客户被拒绝了，怎么才能让这通电话有其他收获呢？这就是我们这一节讲的梯次目标邀约法，简称 TNT 法。

一般而言，邀约客户时要设定 3 个目标，不能单纯地设定一个目标。还记得本节开篇中小明的故事吗？小明通过 3 个小要求，让妈妈同意了他的请求，妈妈为什么同意？因为人们在拒绝别人一次或者两次的时候，一般不好意思拒绝别人第三次。假如有人向你借钱，你拒绝了一次、两次，第三次好歹你都会给借点钱给对方。不然，你自己心里都过意不去，好像欠人家什么东西一样。我们邀约时也要运用这样的心理战术，你邀约客户，提出的要求也应该是 3 个，这就如同借钱一样，让客户产生愧疚心理。但是，这个目标设定也是有技巧的。目标设定的难度要逐级递减。你看小明提出了 3 个要求：第一个是去河边玩，第二个是去楼下玩，第三个是看电视。小明这 3 个要求是逐渐减弱的，妈妈这时候就会把第三个要求和前面两个要求做对比，觉得第三个要求在接受范围内，就很容易同意了。邀约也是如此，一旦客户拒绝你，你说出第二个要求，客户答应你的概率就很大。下面是示范话术，供大家参考借鉴。

A:丁先生,您好,我是 ×××× 的小张。前天,您来过我们店,我接待的您，我特别瘦，您有印象吧?

B：知道，什么事?

A：丁先生，买车的事估计您回家肯定认真思考了，您要不要再来看看这款车，多看看，多了解了解，我也能更深入地给您讲讲这款车的优点。

B: 我今天没时间。

A: 哎，那太可惜了。不过，您没时间没关系，等您有时间再联系我。丁先生，冒昧问一句，如果要买车，您要选择什么颜色的，我看看咱们新到的车里有没有您喜欢的颜色。

B：我比较中意黑色的车。

…………

上面话术示范里，虽然这次邀约是失败了，但从另外一个角度上，其实也是成功了，这个成功就是你了解了客户喜欢黑颜色的车，那下次你就可以利用这个信息做二次邀约，再次获得更多的信息，第三次邀约就可以借助第二次的力量。这样一来，你获得客户的信息就越来越丰富，你和对方可聊的话题就越来越多，买车也就水到渠成了。

下面，我们总结下 TNT 方法。

T：主目标永远是邀约到店，然后买车。

N：根据情况设定分目标，怎么让当次邀约有效，分目标的话术应该怎么设定。

T：分目标不能超过 3 个，分目标能为下次邀约服务。

5 种特殊的电话邀约方法，你会几种

在阐述本节内容之前，我先问大家 3 个问题，如下所示。

问题一

你有一个远道而来的朋友，到你的家乡拜会你，你要请他（她）吃晚饭，你会选择哪种菜式招待客人？

A. 其他地方很难吃到的家乡特色菜。B. 全国各地都能吃到的菜。

问题二

你正在追求一个女孩，第一次请对方吃饭去了饺子馆；第二次请她吃饭，你准备去哪里？

A. 还是上次去的饺子馆。　　　　　B. 韩国烤肉店。

问题三

电影院正在公映两部影片，一部是你 10 年前看过的《泰坦尼克号》，一部是现在异常火爆的《战狼》。而且，你还没看过《战狼》。你会选择看哪部影片？

A.《战狼》。　　　　　B.《泰坦尼克号》

看了上面这 3 个问题，你肯定会问：丁老师，这些问题的答案不是显而易见吗，还用问吗，你这不是考验我的智商，而是在考验我对你的忍耐力！

这么简单的问题有什么意义？有！而且，意义重大！

1. 你每天给客户打邀约电话，用同样的话术、同样的方式，这和你请远道而来的朋友吃全国各地都能吃到的菜有区别吗？

是不是没有区别？

2. 你每天给客户打邀约电话，问同样的问题——“先生，考虑得怎么样了”，这和请你认识的女孩每顿饭都吃饺子有区别吗？

是不是没有区别？

3. 你每天给客户打邀约电话，都用同一个活动吸引客户，这和去电影院继续看 10 年前的《泰坦尼克号》有区别吗？

是不是没有区别？

为什么客户不愿意在电话里和你交流呢？

首先，我们看接、打电话的双方有哪些相同点。对于你来说，你每次打电话，都面对不同的人；客户每次接电话，面对不同行业的销售顾问，你说的和客户听到的，都是同样的话术。其次，我们再看接、打电话双方的不同点。你打电话是工作；客户接电话，如果一次还好，多次就让客户觉得被骚扰了，或者被打扰了。你一天打了二十几个电话，客户可能一天也要接类似的二十几个电话。所以，我们用特殊的电话邀约法，无非就是不让客户讨厌我们，给客户留下深刻印象。这就如同你请女孩子吃饭，每次都去饺子，她见到饺子都吐了，你觉得下次还会愿意和你去吗？是不是要找个理由拒绝你呢?

电话邀约是主食，天天吃主食，谁都会腻，腻了就不爱吃，不爱吃就提不起兴趣，没有兴趣就更不爱吃。

特殊邀约就是甜点、水果、法式小面包，吃主食的时候搭配点，效果特别好。饭后来点甜点也不错，让你意犹未尽，回味无穷。说白了，特殊邀约方法就是不吃饺子，去吃烧烤，让客户有一种不同的体验。

下面，我和大家分享5种特殊的电话邀约法，其实也都属于主流邀约的辅助邀约技巧，如下所示。

1. 甜点：红包邀约法。

2. 水果：电子海报邀约法。

3. 法式小面包：视频邀约法。

4. 德国啤酒：经理邀约法。

5. 日本料理：求助邀约法。

一、红包邀约法

红包邀约法的心理学依据就是互惠原理，当我们给予别人一样东西的时候，别人也会回馈给我们一样东西。如果不回馈，对方会觉得不好意思。比如，人家请你吃顿饭，你心里肯定有数，下次你也会想办法回请人家。不然，你就会觉得自己破坏了规则，良心不安。你给客户一个红包，客户就会觉得欠你点什么，内心也会不安。

红包邀约法很简单，但使用时需要注意以下几个问题。

1. 所发红包要吉利，如1.88元、0.88元。

2. 红包标题要简洁明了，吸引人。

3. 别忘记梯次目标。

4. 红包邀约不适合首次邀约。

二、电子海报邀约法

电子海报邀约法其实是一种欲擒故纵的方法。每每我们给客户讲活动有多大的时候，客户都不会认真听，都会觉得我们在忽悠他（她），而电子海报邀约法是发海报给客户，海报上要写好有什么样的活动、有多大优惠等。发给客户海报，但并不是让他（她）来，而是告诉客户：抓紧发朋友圈，发这个海报集赞，集齐 30 个赞，就能奖励一瓶车内香水；还可以获得一次抽奖机会，集的赞数是 30 的倍数，是几倍，就有几次抽奖的机会，抽奖得到的金额可以抵车款，无论你这次来不来或什么时候买车，这个抵车款都可以用。让客户发朋友圈，并淡漠地邀请客户，别太急切。让客户自己做主来不来参加活动；同时，告诉客户，现在有多少客户获奖了，渲染活动力度很大。

下面，我们总结一下电子海报邀约法的要点。

1. 发海报，告诉客户有活动。

2. 转发海报到朋友圈集赞，奖励车内饰品或抵车款。

3. “淡漠”邀约客户。

4. 告知客户获奖名单。

三、视频邀约法

关于视频邀约法，我看很多销售顾问都是群发使用，我收到过这样的视频，就是录制一段讲车视频群发给客户。其实，这样做是不对的。你要根据不同的客户录制不同视频的内容。比如，客户对颜色感兴趣，就录制车的颜色；如果客户对内饰感兴趣，那就录制讲解内饰的视频……这种小视频，不要发送一个就没有下文，要没事就给客户发一个。不要录制固定视频，要让客户知道这是你专门为他（她）录制的。视频结尾一定要告知客户你是谁。

下面，我们总结一下视频邀约法的要点。

1. 发一段你自己录制的讲车小视频给客户。

2. 视频必须是客户感兴趣的内容。

3. 视频要定期发送，从产品到服务，都可以拍摄小视频。

4. 视频的开头一定要有对客户的称呼，视频的结尾一定要告知客户你是谁，期待他（她）的到来。

四、经理邀约法

经理邀约法是利用权威的力量来邀约。因为很多客户都迷恋权威，认为销售经理给的汽车价格会更低，销售经理的权限更大，销售经理说的内容真实性更高，等等。经理邀约法的具体操作步骤如下所示。

1. 由你的同事扮演销售经理，给你的客户打电话。

2. 话术内容是检查销售顾问邀约工作，销售顾问是否通知到了客户，因为活动力度大。

3. 告诉客户：来店后有什么问题可以直接找你。

4. 最后，再强调一遍活动日期。

五、求助邀约法

求助邀约法是利用互惠的原理向客户进行求助，求助的内容必须是客户力所能及的，且求助的对象不能是只有一面之缘的客户。你求助的客户必须是和你有过几次接触，并且日常有过沟通和交流的。利用这种方法可以拉近你和客户之间的距离。下面是示范话术，供大家参考使用。

第一次电话内容：向客户请求帮助。想好帮助内容。

销售顾问：张先生，冒昧地给您打电话，是有件事情求您帮忙？

张先生：什么事？

销售顾问：我看您在朋友圈总是发钓鱼的信息，您应该特别喜欢钓鱼。我岳父也喜欢钓鱼，他要过生日了，我想送他一副鱼竿，想问问您买什么样的比较合适。

张先生：这事你问我还真问对了，我告诉你买什么样的吧。

…………

第二次电话内容：感谢客户的帮助，并承诺——对方如果买车，一定让对方满意。

销售顾问：张先生，太感谢您了！您上次推荐的鱼竿，我送给岳父，他特别满意，老人家可高兴了。

张先生：满意就好，钓鱼方面我比较感兴趣。

销售顾问：好的，以后找机会和您学习钓鱼技术。您有机会来店里坐坐，老弟请您喝茶。另外，如果您现在买车，或者您的亲朋好友想从我们店买车，我一定会让您满意的。

…………

以上这些辅助邀约方法，大家在日常的邀约中要经常练习、使用。不同的客户采用不同的邀约技巧，搭配上辅助邀约方法，邀约的成功概率将大大增加。

电话邀约话术 13 个常犯错误都是什么

首先，我们先看下面这个话术示例。

销售顾问：张先生，您好，我是 ×××× 的李子健。

客户：哦，什么事？

销售顾问：是这样，张先生，我们这个月的 15 日有一场团购会，价格优惠力度挺大，您看您有没有时间，要不要过来看看？

客户：多大优惠？

销售顾问：力度特别大，整车有优惠，还赠送大礼包，还有抽奖活动。等您来了，我详细给您介绍。

客户：哦，那我考虑考虑吧，现在还定不下来到底能不能去。

销售顾问：张先生，这次活动力度真的特别大，您一定要来看看。

客户：好的，到时候再说。

你觉得上面这个销售顾问的邀约话术说得怎么样？

我从上面这个话术示例发现了该销售顾问 13 个可以改进的问题，这些问题决定着邀约的成败，你发现了几个？

一、第一句话术分析及改进话术范例

（一）话术分析

销售顾问：张先生，您好，我是 ×××× 的李子健。

1. 自我介绍要学会“自来熟”

销售顾问一定要学会“自来熟”。客户接通电话的一瞬间，无论从语音、语气，还是语调，都要让客户觉得你是他（她）的老朋友，让客户觉得亲切。

2. 自我介绍要帮助客户回忆你是谁，要照顾客户的感受

自我介绍的时候一定要让客户重新了解你是谁。客户每天接的电话很多，有些候，他（她）是记不清哪个品牌对应哪个销售顾问。这个时候，就需要销售顾问帮助客户回忆了。

3. 要制造惊奇

客户对于你的邀约内容是否愿意听下去，取决于你能不能让客户感到惊奇，让客户觉得你和其他销售顾问不一样，你的内容能不能勾起他继续听下去的兴趣。

4. 最好给自已起个绰号

在第一次接待客户的时候，如果为了让客户快速记住你，可以给自已起一个容易让客户记住的绰号，让客户对你印象深刻，这对于后续邀约很有帮助，可以增加客户对你的辨识度。

（二）改进话术范例

销售顾问：张先生，您好！我是 ×××× 的李子建，您上次

来咱们店看车就是我接待的您。当时，我还和您开玩笑，让您叫我“小李子”。您现在说话方便吗？有个特别好的消息想和您分享！

二、第二句话术分析及改进话术范例

（一）话术分析

销售顾问：是这样，张先生，我们这个月的 15 日有一场团购会，价格优惠力度挺大，您看您有没有时间，要不要过来看看？

1. 诱惑力度不够，没说明团购会的规模及人数

我们邀约客户的时候，总是会以一些优惠、活动作为开场白。如果以这样的话题开场，一定要强化优惠的力度，要把优惠拆开了、掰碎了一项项罗列给客户听；同时，也要把此次优惠活动的规模及人数告知客户，增强信服度。

2. 不要用开放式问句，要用封闭式问句

确认客户是否来店时，不要问“什么时候过来”这样的开放式句式，要用封闭式问句，如问客户几点钟过来。

3. 要让客户感激你，觉得替他（她）考虑

邀约客户的内容一定要有“利他”思维，要从有利于客户的角度邀约，让客户不反感，甚至感激你。

（二）改进话术范例

销售顾问：是这样，张先生，我们这个月的 15 日有一场团购会，是今年最大的一场团购会，现在报名参加的人数是 327 人，都是购

车用户。这种大型活动，我肯定要通知您啊，前阶段搞得小活动我都没打扰您，这个活动我必须告诉您。您不来就太可惜了，全年就只有这一次。您看15日您几点过来，我给您留个前排的位置。

三、第三句话术分析及改进话术范例

（一）话术分析

销售顾问：力度特别大，整车有优惠，还赠送大礼包，还有抽奖活动。等您来了，我详细给您介绍。

1. 告知客户：不来，损失很大

在邀约话术中，一定要明确客户不来会有什么样的损失。说白了，要让客户感受到：如果不来参加活动，损失非常大。

2. 优惠要分开说

优惠力度一定要分开说。因为说一个模糊数字，不如说一堆具体数字给客户带来的冲击大。

3. 设定价格对比锚定点

要设定价格对比锚点，不要设定竞品对比锚点。设定上次客户来店时的价格锚点，让客户感受到这次确实比上次优惠力度大很多。

（二）改进话术范例

销售顾问：张先生，机会确实难得。我知道您可能有别的计划，但与其他事情相比，省钱才是硬道理。这次活动，我听说除了整车有优惠，还赠送底盘装甲、行车记录仪、全套脚垫。整车优惠因为要由厂家人员现场开启，现在还不清楚优惠力度有多大，但从这些明确的优惠来看，已经比您上次看车时要划算很多了。您上次来，全算下来才便宜 3000 元，这次一个礼包就不止 3000 元了。

四、第四句话术分析及改进话术范例

（一）话术分析

销售顾问：张先生，这次活动力度真的特别大，您一定要来看看。

1. 没有进行欲擒故纵

有时候，你越是让客户来，客户反而会觉得你“套路”他（她），那还不如反其道行之，告知客户：不来，也没关系。采用欲擒故纵的方法。

2. 没有采用最后一击

优惠不能全部告知客户，在最后结束邀约时，一定要再拿出一个优惠政策，而且是带有时效性、数量限制性的优惠政策，给客户最后一击，让客户不再犹豫。

3. 忘记了梯次邀约目标

每次打邀约电话，销售顾问都要事先制定好梯次邀约目标。无论客户来不来，都要从客户那里获得更多信息，让你的邀约变得更高效。

（二）改进话术

销售顾问：张先生，如果活动不好，老弟都不好意思打扰您。

您要是实在没空也没什么，等下次有好机会，我再通知您。对了，这次活动前一百名还送一个大号行李箱，这个刚才忘记和您说了。张先生，您喜欢什么颜色的车，我先看看有没有库存吧。没库存，您来了也没意义。

这样的实战话术分析，希望大家认真揣摩，结合自己的日常邀约，多进行演练、训练！只有这样，你的邀约能力才能提升，大家也可以把自己的电话录音录制下来，分析自己的录音，找找自己的问题，这样效果更佳。

电话邀约时，客户更倾向于竞品怎么办

一、邀约案例分析

（一）原始应对话术

销售顾问：李姐，您好，我是××××的李子健。

客户：哦，什么事?

销售顾问：是这样，李姐，您已经来店看过几次车了，不知道您现在考虑得怎么样，要不要来店里坐坐，把车定了。

客户：××这款车是不错，但我现在还没定下来，主要是想和×××对比下，我比较喜欢×××的外形。

销售顾问：×××这款车和××不是一个级别的。××，无论是外观，还是内饰，都是更胜一筹×××。

客户：我还是要再看看。

销售顾问：那行，等您做好决定，我再给您打电话！

（二）改进后的应对话术

销售顾问：李姐，您好，我是 ×××× 和平路专营店的李子健，就是上次接待您的“小李子”，您现在说话方便吗？

客户：哦，什么事？

销售顾问：是这样，李姐，您已经来店看过几次车了，不知道您现在考虑得怎么样，要不要来店里坐坐，把车定了。

客户：×× 这款车是不错，但我现在还没定下来，主要是想和 ××× 对比下，我比较喜欢 ××× 的外形。

销售顾问：嗯，××× 这款车外观还可以，但 ×× 的外观也不赖的，属于比较耐看类型的。李姐，我想问您下，这款车是您开，还是您家人开？

客户：我自己开。

销售顾问：那您对这款车的配置和空间有什么要求没有？

客户：这个无所谓，我主要想要一辆外观好看的车。

销售顾问：是这样的，我听明白了您的需求。×× 这款车外观还可以，但我觉得您最看重的需求还是性能和油耗，是不是？这才是您应该关注的点，因为汽车主要是您自己用来代步，油耗是必须要考虑的；同时，您又是一位女同志，车的性能必须稳定，最好不要总是出问题。

客户：嗯，你说的也对，这款车的油耗是多少？

销售顾问：这款车的油耗只有 7.2，非常低。因为它采用……（产品介绍），而我们的性能也是有目共睹的，市场保有量……

客户：这么低呀？

销售顾问：是的，油耗低是我们这款车的一大技术特色，这在业界是公认的。

客户：我就是觉得开 ×× 的太多了，×× 满大街都是，有点俗气。

销售顾问：哈哈，李姐，开的人多才证明我们的车好卖呀。对了，李姐，最近我们新到了一款冰晶蓝颜色的 ××，特别漂亮。

客户：冰晶蓝是什么样的颜色？

销售顾问：这个挺难描述的。要不这样吧，您现在如果方便的话，您来店里，我亲自带您看看。咱们店最近还有到店礼，我给您留了一个大玩偶，您正好过来拿下。

客户：行，那我现在就过去瞧瞧。

上述的案例中，客户其实更倾向于购买竞品 ×××，但销售顾问通过改进后的话术和销售技巧，成功地将客户的注意力转移到了本品，可以说是一次非常成功的邀约。

二、六步解决法

下面，我们就来分析遇到客户更倾向于竞品车时，我们应该怎么办？电话邀约时，解决竞品应对问题，可以采用六步解决法。

（一）认可

认可客户的需求，认可客户对竞品的看法，但这个认可是有前提条件的，一定要用模糊词语或中性词语。我们其实是不否定客户的观点，但也不需要完全肯定。比如，常用的模糊词语有“还不错”“还行”“还可以”“说得过去”等。

销售顾问：嗯，××× 这款车外观还可以，但 ×× 的外观也不赖的，属于比较耐看型的。

（二）比较

要对客户的看法给出适当的回应。如果不回应，客户会觉得你有逃避的心态。一般而言，我们还是采用三不原则回应客户：不主动诋毁，不刻意回避，不主动提及。很多销售顾问喜欢诋毁竞品，我是不建议这样做的。因为主动诋毁会让客户觉得你有“王婆卖瓜，自卖自夸”的嫌疑，反而引起客户的逆反心理。

（三）转移

如果在某些方面确实不如竞品，那就采取既然打不过就不要打的战略，以己之短攻他人之长，尤其愚蠢。即使比得过，也不要强势比较，这时候需要转移客户的关注点，进行二次需求分析和产品的新卖点推荐。

销售顾问：李姐，我想问您下，这款车是您开，还是您家人开？

客户：我自己开。

销售顾问：那您对这款车的配置和空间有什么要求没有？

客户：这个无所谓，我主要想要一辆外观好看的车。

销售顾问：是这样的，我听明白了您的需求。××× 这款车外观还可以，但我觉得您最看重的需求还是性能和油耗，是不是？这才是您应该关注的点，因为汽车主要是您自己用来代步，油耗是必须要考虑的；同时，您又是一位女同志，车的性能必须稳定，最好不要总是出问题。

客户：嗯，你说的也对，这款车的油耗是多少？

销售顾问：这款车的油耗只有 7.2，非常低。因为它采用……（产品介绍），而我们的性能也是有目共睹的，市场保有量……

客户：这么低呀？

销售顾问：是的，油耗低是我们这款车的一大技术特色，这在业界是公认的。

（四）照顾

若果你成功转移了客户的需求，或者新卖点推荐成功，但其实客户被你说服的只是理性层面的认知，感性层面的认知依然没有被说服，客户原有的需求点依然需要被照顾到。也就是说，要让客户觉得这款车既有新的卖点，又能满足客户原有的需求。

客户：我就是觉得开 ×× 的太多了，觉得满大街都是，有点俗气。

销售顾问：哈哈，李姐，开的人多才证明我们的车好卖呀。对了，李姐，最近我们新到了一款冰晶蓝颜色的 ××，特别漂亮。

客户：冰晶蓝是什么样的颜色？

（五）诱惑

为了让客户来店看车的动力更足，一般需要在邀约结尾给出一定的诱惑。一般情况下，这个诱惑是具体的小礼品。这样一来，客户产生了去看看也不吃亏、还能拿礼品的心态，这样邀约的成功概率就大大增加了。

销售顾问：这个挺难描述的。要不这样吧，您现在如果方便的话，您来店里，我亲自带您看看。咱们店最近还有到店礼，我给您留了一个大玩偶，您正好过来拿下。

（六）提升

应对话术结束，一定要让客户感受到你所推荐的品牌明显强于竞品，形成卖点三角支撑的模型。在上面的话术案例中，销售顾问最后形成卖点三角支撑：油耗低，性能好，外观还不错；而竞品只有单点支撑：外观漂亮。从性价比的角度看，你的产品完胜竞品。

作为新人，为什么我总是邀约失败

这一节，我们来聊聊销售新人经常遇到的问题。最近，有不少新加入汽车销售这个行业的小伙伴问我类似的问题，觉得很苦恼，无论是邀约客户，还是价格谈判，或是和客户交流都出现了不同的问题，这导致作为“汽车新兵”的他们负能量比较多，甚至有的人因此而离职。

我有个弟弟，他在丰田做销售顾问，前两天跑过来找我诉苦。他也是销售新人，原来做售后维修，觉得汽车销售赚钱，非要做销售。当时，他选择做销售的时候，我就知道他肯定要吃些苦头，结果被我言中。因为最开始他觉得销售太小儿科了，以他的口才和亲和力肯定能快速上手，并且能赚不少钱。可现实却很残酷，去丰田的第一个月是封闭培训，第二个月可以上车展接待客户，结果，各种打击接踵而来。有的客户和他聊几句，直接就问他：小伙子，你是新人吧……给客户打邀约电话，没聊几句，就被客户挂断。有时候他刚和客户聊了几句，客户就问价格，问能不能优惠，他不知道怎么应对。他特别苦恼，甚至开始怀疑自己，觉得自己不适合做汽车销售，没有了刚入行的自信，比较迷茫。

为什么销售新人会出现这样的情况？我总结下来，无非就是3类因素，第一类是心态问题，第二类是技巧问题，第三类是信心问题。

心态问题和信心问题不一样，我们先来看看心态问题。

一、心态问题

心态问题主要指刚入职的销售顾问在心态上没有摆正。

销售新人的第一个心态问题就是急于求成，特别希望接待客户就能成交。如果销售这么好做，地球人都选择做销售了，哪还有其他职位和行业呢？作为新入职的销售顾问，要先把这种急于求成的心态去除掉，不要总想着一口吃一个胖子，这样的心态反而会制约你的成长。你越是着急，你就越容易失败，最后就是恶性循环。

第二个心态问题是自尊心作怪。一看到共同入职的小伙伴都"开单"了，自己还是零蛋，心里肯定不好受，觉得自己哪哪都不如人家。如果领导在开会的时候再表扬对方几句、催促你几句，估计你会找个地缝钻进去。

我认为一个人有自尊心、有上进心值得表扬，但你不能有一颗玻璃心，遇到点风浪就碎裂。做销售工作，先"开单"并不能代表什么，谁能笑到最后，谁才笑得最好。这是需要时间证明的，并不是两三台车的订单就能决定的。所以，你应该摆正心态，每天进步，每天成长，自然有云开见月明的一天。不要急、稳住。

第三个心态问题就是期望值太高。新人在没做销售这个行业之前，觉得自己能说会道，人际交往能力极强，自己做销售肯定没问题，而且，一定很快就能成为顶级的销售人员。结果，进入汽车行业，各种挫折纷至沓来，使得新人怀疑自己到底适不适合做销售工作？这种怀疑越严重，就越影响销售顾问的情绪。

二、技巧问题

技巧问题就是一句话——技巧不熟练。有些 4S 店没有正规培训，新人上岗很匆忙，新人的技巧都是从实战和挫折中自己总结的，在公司层面上获得的培训、学习机会很少。这种情况下，产品讲解、接待、需求分析、价格谈判都不会，导致了销售顾问经常战败。

有的店有正规培训，但新人自己本身对培训的重视度不够，销售技巧掌握不熟练，结果在实战中处处受挫。

这种技巧不熟练的问题，大多数是都是 4S 店缺乏正规培训造成的，也就是没有搭建一个稳定、有规划的内训体系，才会出现种种问题。

三、信心问题

心态问题和信心问题不一样，心态问题也有一部分包括信心问题，但更多的是销售顾问不知道怎么面对挫折造成的。而信心问题分为两方面：一方面是对自己没有信心，另一方面对产品、品牌及经销店没信心。对自己没信心属于心态问题的一部分，比如销售顾问入职一个月发现很多东西都不会，入职两个月发现邀约能力很弱，而且经常被客户怼，入职 3 个月发现老销售天天卖车而自己一辆车也卖不出去。这种压力慢慢就会让销售顾问怀疑自己、否定自己，觉得自己不适合做销售工作。

对产品、品牌及经销店没信心是信心问题的另一个方面。有些销售顾问可能在奥迪干了两个月，没能入职，转投国产品牌，结果发现产品不如奥迪，品牌不如奥迪，经销店管理也比较混乱，这些让销售顾问看在眼里，结果就会影响销售顾问的信心。这是典型的皇帝不急太监急，经销店及品牌都和你没多大关系——在你现在这个新人阶段。任何事物存在都有其意义，你应该考虑的是在这个经销店能学到什么，能不能赚到钱。我了解过，很多国产品牌虽然管理不正规，但提成方面还是很高的。你要明确自己来到这个店面是为了什么，不要做一个批判者，要做一个行动者、实干家！即使这个店真的问题种种，你要树立目标解决这些问题，这才是你的本事。挑错误，人人都会，这本事对你成长没什么意义。

四、新人难题的解决方法

说了案例，分析了原因，我们就要讲讲解决办法了。

（一）心态问题解决办法

如果想解决心态问题，我有几个建议。

第一个建议是摆正心态。任何成功都不会朝发夕至，不要把成功看得太简单，太简单的成功也不叫成功。

第二个建议是成功是比较出来的，但你不要和别人比，要和自己比。世界上比你强的人很多，比你差的也不少，你总是和那些强者比较，只会让自己乱了方寸。只要你自己比昨天进步了、成长了，你就是成功的。你可能会问：丁老师，我怎么才能知道自己比昨天更进步？这个没法衡量，那你就衡量你是不是比昨天更努力。

第三个建议就是要学会倾诉。把很多问题如果都憋在自己心里，很容易钻牛角尖，找找好朋友、好同事、好领导，把你的问题和大家交流下，你会有种豁然开朗的感觉。即使大家没有帮你解决什么，但经过倾诉，你的压力也会减轻很多。

第四个建议是把期望值降低，目光放长远。既然选择做销售工作，那就不是干一天两天的事情，可能要干十年二十年，那一城一地的得失、一点点小挫折，在时间长河面前根本不算什么。

第五个建议就是要学会自己调节自己的心态。销售工作本身就是压力很大的工作，如果自己不调节，很容易造成压力过大——易怒、失眠、暴躁，反而会影响工作。平时用音乐、运动和睡眠调节压力。把压力控制在一定范围内，压力过大，就会爆炸；压力太小，就会太安逸。所以，自己要学会控制自己的情绪。

（二）技巧问题解决办法

技巧的问题，解决办法其实很简单，就是不断学习，不断练习，不断反思，不断总结。这几句话说起来很简单，但坚持做下去却很难。学习什么，你应该清楚，自己哪块能力弱就学习哪块，没有资料就上网找。另外，我的平台上的关于销售技巧的内容很全，也是你选择的对象。

学习以后一定要在实战中使用。不用的知识就是头脑中的垃圾，占内存，反而让你的大脑运行速度慢。只有使用了，才会知道理论是否合理，是否需要改进。然后，才能进行反思和总结，才会对技巧进行改进，真正融会贯通，把知识变成自己的技能。

（三）信心问题解决建议

关于信心问题，我有 4 个建议。第一个建议是:没有完美的产品，也没有完美的人。世界上的任何事物都有缺陷，都有不足，汽车行业更是如此，只不过有些品牌在中国发展得早，在客户心目中形成了品牌影响力，但这并不代表他们的产品就非常完美。要有这种旁观思维，清楚的认知对错，不要人云亦云。

第二个建议就是努力开出“第一枪”。新兵上战场，总是很紧张，老兵都会带新兵开第一枪，让新兵度过心理的障碍，变成合格的战士。作为销售新人，也是如此，要先卖出第一台车，先别管自己能赚多少钱，只要能卖出去车，后续的信心就会逐步建立起来。

第三个建议就是要抢着做一些比较难的工作，如陌生拜访、“扫街”等。这种陌生的、有难度的客户你都经历过，那展厅的客户就很好应对了。

最后一个建议就是有时候实在是情绪低落，可以看看名人传记、网络励志视频、励志图书。有人说心灵鸡汤是毒药，其实这样说太片面！心灵鸡汤用好了，其实可以帮你走出低谷，重新站起来。

日常邀约和活动邀约有什么不同

邀约客户到店失败的核心问题只有一句话，这句话叫邀约的心态不对，邀约的逻辑不对。

心态不对是指销售顾问总是急于邀约客户到店，急于去获得客户的某种承诺，急于去和客户达成交易。可你着急，不代表客户也和你一样着急。你越是着急，客户就越觉得你这里有文章可做，反而会拖着不成交，让你每天在焦灼的心态中煎熬。越是煎熬，你就越着急。这样循环下去，你自己的心态先崩了，这和我们看到的体育赛事一样，高手过招，最后都是赢在心态，而不是技巧。

邀约的逻辑不对，是说你从来没有认真思考过邀约的类别，无论什么类型的邀约，你都用一种方法。就如同你总想用一把钥匙开千把锁一样。如果这个钥匙是万能钥匙，那还好，但在销售的世界里，客户是千奇百怪的，也就决定了不可能有万能钥匙的存在。而且不先确定邀约的类型，就胡乱打电话，失败是必然的结局！

我们先说说邀约分类的问题。其实，电话邀约大体上是分为两个大类别的，一个是活动邀约，一个是日常邀约。

所谓的活动邀约就是店内组织大型的团购、新品上市发布、车展等大型活动，这种带有促销主题、以销量为主要目标的群体性邀约行为就是活动邀约。

日常邀约是没有大型活动，只是日常的店头活动，或者是销售顾问单纯的邀约客户二次进店，不是店内统一组织的，销售顾问个人的目的性比较强，这类邀约都属于日常邀约。

很多销售顾问因为没有对邀约分类，导致出现用活动邀约的技巧来处理日常邀约的问题，这样不仅让客户觉得销售顾问是个大忽悠，也让销售顾问自己筋疲力尽，费力不讨好！那怎么才能正确地应对不同类别的邀约活动呢？

一、如何进行活动邀约

（一）活动邀约的特点

活动邀约的特点是：对于销售顾问而言，销售顾问和经销店的需求是活动的人气要旺，来的人必须要多，销售氛围要好，要让客户觉得这款车是热销产品。当然，有人气、有氛围的最终目的是要有销量，这个销量肯定不是两三台车，店内搞一次大型活动，怎么也要20台车打底。否则，都算不上活动。

（二）活动邀约三要则

首先，活动邀约的特点决定了销售顾问邀约客户时传递的信息应该是强有力的，也就是让客户感受到这次促销活动力度大。

其次，活动一定要体现时效，体现紧迫性，如“这次活动时间短，机会难得”。

第三就是稀缺型，活动名额有限，产品有限。你只有把这些信息向客户传递到位，客户才能有来店的冲动。我们平时邀约用到的各种噱头，大多数都应该用在活动邀约这个类别上才会有效。

（三）活动邀约范例

我把活动邀约常用技巧做成了话术示例，供大家参考使用。

1. 强力性：从众心理

张先生，这次活动力度特别大，现在统计出来的结果已经有 183 名客户参与了。参与的客户越多，活动的力度就越大，您抓紧报名吧！

2. 强力性：优惠叠加

张先生，这次活动力度特别大。现在，我了解到的是购车不仅优惠力度大，还送 4 次保养及一个太阳膜，还有随车的脚垫，以及现场抽奖等。抽奖最大的礼品是电冰箱一台。张先生，这种优惠，不要说您，我都心动了，抓紧来吧！

3. 紧迫性：损失厌恶

张先生，这次活动力度特别大，是今年最大的一场促销互动。

您买不买车都不重要，重要的是您必须要来。因为划算不划算，现场您自己会评估的，我说多了，您还觉得我忽悠您呢。您自己来参加活动，钱在您手里，不划算您可以不买，但如果您不来，万一真的很划算，您岂不是错过机会了吗?

4. 紧迫性：百名冲刺

张先生，这次活动力度特别大，是今年最大的一场促销互动。前一百名交诚意金的额外还赠送一个车载加湿器。张先生，无论买不买车，您先报个名，至少先把加湿器的名额占了。到时候您购车，发现别人有加湿器，您没有，估计您还得找我。所以，我得提前告知您，这种机会不能错过。

5. 稀缺性：活动唯一，产品稀缺

张先生，这次活动力度特别大，这场活动是今年最大的一场促销活动。关键是为了这场活动，我们店新到了三板新车，谁买车都希望买最新出厂的。所以，我建议您来看看，挑一台刚出厂的新车开回家!

6. 稀缺性：特价产品

张先生，这次活动力度特别大，这场活动是今年最大的一场促销活动。因为有厂家的支持，我们提供了三台特价精装车，车价非常划算，加上装饰就更划算。无论您买不买，都要过来看看这几台特价车，这个机会不能错过!

二、如何进行日常邀约

日常邀约和活动邀约是完全不同的。日常邀约如果使用活动邀约的噱头和话术，反而会起到相反的作用。因为日常邀约你总是使用噱头，会让客户对活动的真实性产生怀疑，会疑惑为什么你们店天天有活动、周周有活动呢？这就如同为什么现在很多人都觉得年味淡了，因为以前只有过年才能买件新衣服、吃顿大餐，现在你每天都可以这么做，你自然觉得过年没啥意思了。如果你每次邀约都用活动噱头吸引客户，就如同你家天天过年是一个道理，客户自然不感兴趣！

（一）日常邀约的 3 个目的

日常邀约有以下 3 个目的。

第一个目的是从弱链接变成强关系，弱链接是指你和客户接触的次数少，还谈不上彼此信任，最重要的是客户不信任你。所以，你和客户之间的关系是弱链接，随时有断的可能，通过日常邀约，你要把这种弱链接转化成强关系，让客户更加信任你。所以，你在邀约客户时要传递情感。

第二个目的是浅场景转化成深印象。客户和你之间的场景可能只有一次到店看车的场景。客户不仅看你们的产品，也会看别人的产品。所以，客户对于你这名销售顾问的印象一点都不深刻，你需要通过日常邀约让客户对你的印象更加深刻。印象深刻了，客户买车时才会在第一时间想到你。

第三个目的是少了解到深挖掘。你对客户的信息了解得多与少，决定着成交速度的快与慢。日常邀约是非常好的分析客户的时机，要通过日常邀约分析客户有哪些需求。

（二）日常邀约技巧

我把日常邀约常用技巧做成了话术示例或技巧要点讲解，供大家参考。

1. 弱链接→强关系：传递情感

张先生，最近忙不忙，车看得怎么样了。无论买不买车，您都来店里坐坐，购车方面有什么不懂的，也可以和我多交流。我这人和其他销售顾问不一样，我秉承的宗旨是交朋友，买卖不成，朋友在。销售是一时的，朋友是一辈子的。您说对吧！

2. 弱链接→强关系：互帮互助

张先生，我看您的朋友圈，您是做净水设备的，我正好有个朋友要买净水器，我推荐他去您那购买，我让他直接联系您，好吧。您别客气，都是朋友，您要买车或者朋友购车，您想着老弟我就行啦！

3. 浅场景→深印象：红包邀约

给客户发一个 1.88 元（或 2.88 元、6.88 元、8.88 元）的红包，发完红包再询问客户要不要来店看看车。

4. 浅场景→深印象：视频邀约

给客户发一个专属的讲车视频，告诉客户：没时间来看车也没关系，我专门录制了视频给您，您可以通过我的视频讲解了解这款车！

5. 少了解→多深挖：梯次目标邀约法

这个方法，我在前文专门讲过了，这里就不再赘述了。大家要记住：邀约时，至少要设置 3 个目标！

最后，我们聊聊心态问题。下面，我送给大家几句话，我们共勉。

心急吃不了热豆腐。把客户当傻子的人，自己往往才是真的傻。尊重客户，也就是尊重自己。

别把提成看的很重要，多 300 元钱和少 300 元钱，你都能活下去，这是销售生涯的小奖励。认识一个客户就有机会结交一个朋友。广结善缘，认识的客户越多，人脉就越广。将来你也许通过这些人脉赚到你自己真正的第一桶金，这才是人生的里程碑。

做销售不要在乎一城一地的得失。不要因为邀约失败或被竞争对手抢走一个客户就萎靡不振好些天。做销售一定要多给自己鼓励，多给自己打气，坚信自己一定行。把目光看长远，看树木的同时，更要看到森林。

话术到底是什么

心理学家贝丝·洛夫特斯和约翰·帕尔默在1974年做了一个实验。该实验要求45名学生观看一场车祸的7个电影剪辑片段，然后要求每位学生回答一系列问题，其中的一个问题就是：汽车行驶的速度有多快？但在问这个问题的时候，心理学家调整了问题的方式，每个学生看到的问题可能是以下5种问句中的一种。

当两车相互“接触”对方的时候，车子的行驶速度有多快？

当两车相互“撞到”对方的时候，车子的行驶速度有多快？

当两车相互“碰撞”对方的时候，车子的行驶速度有多快？

当两车相互“相撞”对方的时候，车子的行驶速度有多快？

当两车相互“撞碎”对方的时候，车子的行驶速度有多快？

大家可以猜测下，看过以上哪类问句的同学猜测出的两车行驶速度最快？

心理学家统计，看到“撞碎”词语问句的同学猜测的汽车速度要比看到“接触”词语的同学猜测的行驶速度平均快9英里。所以，心理学家得出结论：问题的形式，即使是一个词语的不同，都会显著的改变人们的看法。

看了上面的实验，你是不是有点明白我为什么会问大家“话术到底是什么”的问题了？

丁先生，这个活动，现在已经有 24 台车被买走了，您抓紧吧，不要犹豫了！

丁先生，您喜欢的爱车已经被人家买走了 24 台，活动太火爆了，您还犹豫什么？

上面这两个话术有区别吗？区别在哪里？

话术不是单纯的一句话，好的话术是有明确的引导和指向性的。销售顾问的话术不应该是狂轰滥炸，更应该是精确制导武器，定点打击。很多销售顾问的话术已经程序化、教条化、僵硬话，很多话术说出来连自己都打动不了，怎么去打动客户？

大家为什么喜欢喝“江小白”？喝的人都知道，“江小白”口感并不是很好，但你为啥还会点“江小白”？因为你是奔着“江小白”的文案去的，应为看着瓶上的那些话语，你会说：“老铁”，扎心了！可我问问你，你给客户打电话时，你的邀约话术是否让你的客户“老铁”扎心了呢？

第五章

车展营销需要解决的 8个问题

导　读

让人爱恨纠结的车展

大型车展前电话邀约技巧

大型车展中电话邀约技巧

大型车展后的电话邀约技巧

大型车展如何高效签单

大型车展没有发挥好、销量差，怎么办

车展最后一天，我们还可以做些什么

如何提升客户的满意度

如何提升客户的优越感

让人爱恨纠结的车展

在5年前，车展还是一个让汽车销售顾问非常兴奋的词汇，可是5年后的今天，车展已经变了模样，让我们的销售顾问爱恨纠结。

从客户方面看，现在全球经济大环境不好，很多客户手上都没什么余钱，有钱的客户也不愿意把钱拿出来花。所以，现在车展上的客户人数及成交量都大不如前。

现今的车展比一日三餐都频繁。以前一年两次大车展，场面壮观，人山人海，一个车展下来，一家店不卖个两三百台车都不好意思和同行聊天。现在是周周有车展、月月有车展，作为销售顾问，你是白天邀约、夜里邀约，几乎每周都告诉客户有车展。

以前，车展是稀缺资源；现在，车展是天天可见。

以前，客户听到车展消息是心生雀跃；现在，客户听到车展消息是毛骨悚然，更有甚者拉黑你，投诉你打骚扰电话，你欲哭无泪。

曾经的车展早就离你远去，现在的车展已经面目全非。

虽然现在的车展是鸡肋，但鸡肋啃一啃还是有点肉的，这个肉主要是集客和抢单。

集客，大家都明白。毕竟车展还是能汇集到一些客户的，能来参加车展的客户还是有一定购车需求的，这些客户如果能留下电话和资料，后续跟踪还是会有产出的。

抢单这个环节，大家做的不多。因为以前的车展模式给大家的印象都是站在展台前等客户，但现在没客户给你等了，你就要走出去。以前临促、巡促干的事，你自己要亲自干，尤其要想办法多去竞品展台的周围有策略的转转，掐死几个关键路口，拉客户到展台。

你理解了车展模式的不同，你就知道该怎么做了，现在就得主动去拉客户。其实，不仅你要变，你们单位的绩效考核也要变，以前考核你卖多少台，现在更应该考核你集了多少客户、抢了几个单，抢单还应给你额外奖励。激励变了，你的行为模式其实也就跟着变了。

以后，车展是不是随着时间的推移会消失，我不知道，但我知道：以后车展的作用会越来越小，车展的费用没降，但效果越来越差。

虽然车展不像以前那么好了，但它依然还是我们销售汽车的一个有效渠道。而且，车展的邀约、集客、抢单和展厅的销售模式有很大的区别。所以，我专门在本章和大家聊一聊车展营销这个话题。

大型车展前电话邀约技巧

在本章中，车展邀约的技巧分为 3 个小节向大家介绍，分别是展前邀约、展中邀约、展后邀约，之所以分开讲解，主要是因为车展的前、中、后邀约技巧和话术是有很大区别的。本节，我们先来讨论展前邀约的技巧。

在讲解展前邀约技巧的时候，大家先要了解车展前邀约的 4 个关键点，分别是：邀约一定要频繁，至少 3 遍以上；说服别人之前，先说服自己；邀约的客户类型，事先确定好；邀约的话术事先要设计好。

首先，邀约一定要频繁，意思是车展到了，不要担心客户反感，要频繁的邀约客户参加车展。你至少要邀约客户 3 遍，电话一遍，微信一遍，短信一遍，也可以在车展的第一天再确认一遍。不要担心客户反感，也不要担心邀约太频繁，在话术中可以规避客户的反感。但是，我这里我说的是大型车展，不是指每周的车展。大型车展和每周车展的邀约还是大不同的。

第二个关键点是说服别人之前，先说服自己，意思是让别人相信你之前自己要相信自己。这就如同运动员在比赛前热身一样，先让自己兴奋起来，你自己不兴奋，自己都不认为自己的产品优惠力度大，客户就更不会认为了。因为你在给客户打邀约电话的时候，你的情绪本身会传染客户。

第三个关键点是邀约的客户类型，事先要确定好。一般来说，优质潜在客户在车展前就应该在店头活动里消化掉。所以，在邀约开始前，要梳理自己的客户名单，确定哪些是必须要邀约到车展的，哪些是可以保留的。

第四个关键点是邀约话术事先要设计好，意思是针对不同类别的客户，采用的邀约话术是不同的。有些人爱占小便宜，你就要多强调优惠。有些人等新品，你就要强调新品上市。有些人犹豫不决，你就要告诉对方，车展的产品很丰富，选择面广。

我下面教给大家的话术，是把所有的客户类别都包含在内了，大家使用的时候要灵活。车展的邀约话术有4个重点，我就这4个重点给大家不同的话术范例。

第一个重点是邀约要直接。我们邀约客户的主要目的就是邀请客户参加车展。所以，和往日的到店邀约不同的是：车展邀约话术一定要直接，直接表明来意。

张先生，您好，我是××店的小李。告诉您一个好消息，“十一”

车展明天在工业展览馆开展了。今年国庆节和中秋节赶在一起了，这就相当于两个车展合并成了一个车展，这个车展的优惠力度可想而知了。这种机会，我相信张先生您肯定不能错过，我必须第一时间通知您！

您上次看中的 ×× 车型优惠力度也特别大，我现在把优惠告诉您，您听了一定会很惊喜！

第二个重点是邀约要留诱惑。一般而言，客户对于车展的认知都是价格会更具有诱惑力，优惠力度更大。所以，在邀约话术中要把优惠政策告知客户；同时，还要预留一些优惠，用来诱惑客户。

张先生，除了上面提到的优惠政策，今年厂家还设定了用户参展的神秘大奖，我听说奖项非常有吸引力，只要您来展会，就有抽奖机会。张先生，国庆节哪都堵车，去哪都不方便，不如来车展抽个大奖拿回家，这才是国庆节的正确过法，您说是不？抓紧来啊，张先生！

另外，这次车展，所有的品牌都参加了，是最齐全的。您即使不买我们的车，也要过来看看，因为其他品牌也来了。我频繁给您打电话，是因为机会真的很难得！

第三个重点是邀约要给承诺。客户一般会担心去了车展也不会得到多大的优惠，有时候会犹豫要不要参加。这个时候，销售顾问一定要给客户吃定心丸。

张先生，您不用担心。您想想，马上进入冬季了，还能有这种大型车展吗？要不是今年特殊，中秋节和国庆节赶在一起了，这个车展的优惠力度也不会这么大。而且，这次购车都是有保价协议的，肯定买不贵，您就放心来吧，把钱带好，我会特意帮您挑一台好车。车源紧张，我给您留着，您来了，就能提走！

很多人也和您一样，有类似的疑虑，不知道能便宜多少钱。如果不便宜，我也不好意思给您打电话。再说了，耳听为虚，眼见为实，您来看看不就清楚了！

第四个重点是邀约要制造稀缺。大型车展并不是天天都有，有些车的数量也是有限制的。所以，有时候适当的还要加入稀缺原理，让客户知道机会难得，机不可失，失不再来。

张先生，和您说实话，您喜欢的 ×× 款，昨天刚到了一板新车，一共还有18台，数量不多。刚才，经理给我们开会，统计潜在购买客户，关注这款车的客户是最多的，但我这边只有您关注这款车。出于自私的考虑，我当然希望我的客户挑到最满意的车了。所以，我才这么着急给您打电话。

张先生，您早点来，我到时候可以带您看看这些车。先到先得，您来得早，车型颜色都全，也方便您选择不是。

最后，我要提醒大家：邀约客户参加车展的时候，一定要注意话术的综合应用，以上话术模板是可以合并使用的。要根据不同的客户类型采用不同的话术模板，或者把几个话术模板或拆分或结合来使用，效果会更好！

大型车展中电话邀约技巧

当车展开始以后，有些客户来到了车展，并且订了车。但是，也会有些客户在展前的邀约中并不成功，客户没来，这类客户需要继续邀约。另外，还有一些在车展上接待的客户，这些客户有意向但没成交，这些客户也需要进行再次邀约。我把这类邀约统一归类为车展进行中的邀约技巧。

一、5个关键点

展中邀约有5个关键点，但这5个关键点和展前的邀约完全不同。

第一个关键点是邀约要先问后说服。问的意思是先了解客户的感受，不要上来就把你的感受放在前面。

第二个关键点是展中邀约要以事实为依据，也就是告诉客户销量及促销等一些真实信息。

第三个关键点是邀约要制造氛围。要制造客户看中的某款车热卖的氛围，也是利用从众心理，人为制造认同感和紧迫感。

第四个关键点是邀约不要以成交为导向，这个可能大家会奇怪，邀约不就是为了成交吗？说的没错，但和客户交流的过程中，不要总是提买不买车这类的话题，要多邀请客户来看看，多体验体验再做决定。这样一来，客户的防备心理就不会那么强。

第五个关键点是邀约的过程要做竞品需求分析。因为客户在车展肯定会看别的车，你要从客户口中了解到客户对比竞品有哪些变化。

二、“三问”

展中邀约打邀约电话的时候，需要进行“三问”：问感受、问竞品、问预算。

（一）问感受

问感受的目的是了解客户去车展（或者没去车展）的一些新情况。下面是示范话术，供大家参考使用。

张先生，您好，您今天在车展上看车看得怎么样，对我们的车还满意不？对优惠政策都还了解不？需要我重新为您再介绍下吗？

张先生，您好，您今天没去车展，我一直在展厅等您。您没有来，估计您是出去旅行了吧，玩的怎么样，回来了吗？

（二）问竞品

问竞品的目的是了解客户去了车展后还看了哪些品牌的车，以便客户下次再来车展的时候能够有所应对。下面是示范话术，供大家参考使用。

张先生，今天去车展，您还对哪些品牌的车感兴趣，我可以帮您参谋下。不买我们品牌的车也没关系，车这东西，得您自己喜欢才行。我也认识很多其他品牌的车的销售人员，我可以帮您了解下。

（三）问预算

客户去了车展，购买车辆的概率很大。这个时候，你可以问问客户的预算，这样方便推荐合适的车型给客户。下面是示范话术，供大家参考使用。

张先生，您看了今天的车展以后，买什么价位的车心里应该有一定的打算了吧？大体什么价位的，您告诉我下，我帮您算下所有手续办完大概需要多少钱。

三、“六说”

除了“三问”,展中邀约的时候还有“六说”要素要讲给客户听：说数据、说欲望、说风险、说稀缺、说理解、说案例。

（一）说数据

说数据的目的是利用从众心理，让客户有一种紧迫感。下面是示范话术，供大家参考使用。

张先生，您还没休息吧？我是小李，今天在车展上接待过您。张先生，您和嫂子商量的咋样了？明天过来把车定了吧。今天您看中的这个型号的车，已经卖了 13 台了，还有 10 个客户交了定金，晚上经理刚刚公布的。而且，选白色的车特别多，张先生，您也看中的是白色吧？这个车真不错，您太有眼光了，您明天抓紧来啊！

（二）说欲望

当客户犹豫不决的时候，要放大客户的欲望，让客户抓紧做出购买决策。下面是示范话术，供大家参考使用。

张先生，买车这东西就是早买早享受。车是早晚都要买的。我自己没车的时候，接送个孩子都不方便，但有了车，方便了很。您买了车，您带着家人出去旅游、回老家、走亲戚都会非常的方便。所以，您别犹豫了，抓紧来购买。

（三）说风险

利用一些国家大的优惠政策来推动客户购买，把犹豫不购买的风险说给客户听。下面是示范话术，供大家参考使用。

张先生，我听说年底购置税的优惠政策就要取消了。现在不买车，年底买车可能花的钱更多。而且，现在买车，咱们公司还有保险和贷款优惠政策，主要是针对这次车展的，车展结束以后也会取消。

虽然车展结束之后，我能保证您还能按照现在的车展价格提车，但保险和贷款不是我们单位提供的优惠政策，车展结束后肯定是没有了。而且，车辆现在限牌的趋势越来越明显，早买的话，就不用担心这个问题，如果买的晚，一旦限牌了，就会非常麻烦。

（四）说稀缺

通过车辆款型、颜色及价格优惠和出厂时间等因素制造稀缺，让客户抓紧做出购买决策。下面是示范话术，供大家参考使用。

张先生，您喜欢的 ×× 款，昨天刚到了一板新车，一共还有 18 台，数量不多。刚才，经理给我们开会，统计潜在购买客户，关注这款车的客户是最多的。您早点来，我到时候可以带您看看这些车。先到先得，您来得早，车型颜色都全，也方便您选择不是。

（五）说理解

有时候，过于逼迫客户，也会让客户产生逆反心理。所以，适当的要站在客户的角度，说一说你是如何理解客户的。下面是示范话术，供大家参考使用。

张先生，买车是件大事。如果您没考虑清楚，继续考虑也没关系，毕竟这也不是小数目，仔细思考是对的。如果您需要了解更多信息，可以随时找我，我帮您参谋参谋。即使不买我们品牌的车，也没什么关系的。

（六）说案例

有时候，案例更能够说服客户，让客户采取积极的购买行动。下面是示范话术，供大家参考使用。

张先生，昨天我也碰到一个和您差不多的客户，他也一直犹豫不决。不过，他今天来车展上直接把车提走了。他说，买的没有卖的精，优惠总是有，如果一直等下去，也没什么意思，不如直接提了，买完也省心，不用天天考虑这事。我觉得这个大哥的想法也是对的。

车展中邀约客户的时候，一定要注意话术的综合应用，“三问”和“六说”要根据不同的客户类型进行不同的话术匹配，不要生搬硬套。打邀约电话之前，要想清楚怎么和客户交流。

大型车展后的电话邀约技巧

这一节，我们讲讲大型车展结束后，销售顾问对收集到的尚未购买的潜在客户进行电话回访和邀约时应该注意哪些问题，使用什么样的技巧。

车展结束后，很多销售顾问都要盘点业绩，看看这次车展收获如何。一般来说，车展的业绩分为两种：一种是车展的销量，一种是车展的集客。现在，大多数车展的目的其实都是获得集客。车展集客又分为两种：一种是车展现场“抓”的客户，在车展结束后打邀约电话给这种客户，是为了确认对方处于什么状态，是已经买了车，还是在观望；另外一种是自己邀约的客户，但没有在车展成交，也要再次邀约进店。无论是哪种集客，在车展结束后的第一天，你都要打电话进行二次邀约。

首先，对于在车展上未购买车的客户，我们要分析没有买的原因。客户没有在车展上购买车，无非是以下几种情况。

第一种情况是目前还不着急买车，可以再等等。

第二种情况是还没有想好买哪个品牌的车，还在对比中。可能本来已经想好了买什么车，但到了车展，发现了更中意的车型，尚在纠结中。

第三种情况就是手里的钱不够，有心想买，但钱包不够鼓。

第四种情况是已经购买了别的品牌的车，但我们不知道。

上面这 4 种情况的客户都需要我们第一时间再次打邀约电话。看过前面的邀约内容的读者肯定明白：邀约首先是概率问题，然后才是技巧。也就是说，多打电话才是王道，不要怕拒绝。勇敢拿起电话，不打电话的销售顾问永远当不了销售冠军。

既然我们知道了客户没在大型车展中购车大概就是这 4 种情况，那么，针对这 4 种情况，就要有一些邀约技巧。关于展后邀约，我给大家一些总结好的话术模板，供大家参考。

展后邀约的第一个要点是说事实。我们在前面的展中邀约中是说数据，这里是说事实。数据往往是预估的，这里的事实是告诉客户：你们一共卖了多少客户喜欢的那个款式的车。比如，你可以说这次车展客户中意的车卖了多少台，这个车非常紧俏，什么颜色最多。要说一些销售的细节给客户听，目的是让客户知道他自己的选择没有错；同时，也是展中邀约时提到的从众心理，给客户造成一种紧迫感和认同感。紧迫感是这车很好卖，认同感是大家都在买这个车，我肯定也不会选错。

说事实的目的是告诉客户，这个车确实可以，大家也都认同，不要再纠结了。下面是示范话术，供大家参考使用。

张先生，我是 ×× 店的小李，车展上接待过您。您特别喜欢咱们家的 ×× 车，这个车这次车展卖得也特别好，一共卖了 38 台。

您喜欢的红色款系特别好卖，但黑色的车卖得一般。张先生，您还是很有眼光的，大家也都选这款车。您也不要犹豫啦，今天还可以享受车展的优惠政策，抓紧来店里提车吧。

展后邀约的第二个要点是说机会。说机会是告知客户，虽然您没在车展购买车，但车展的优惠活动还可以延长 × 天，只要您在 × 天内来店里签单，可以继续享受车展活动的价格。只要您来，额外再给您准备一份到店礼。很多销售顾问可能会问，这样会不会助长客户继续等着价格降低的期望？会有类似的问题，但你打邀约电话的时候，不会单独说这么一段话，你还要说别的话，这个话术要和其他话术配合使用。下面是示范话术，供大家参考使用。

张先生，公司这次车展的优惠活动延长 3 天。3 天内，您到店里签约，都可以享受车展的优惠价格；同时，我个人还给您备了一份到店礼，您比车展的客户还多得一份礼物。买车这东西，越挑越不知道买什么，您就相信我，这款车您买了肯定不后悔，趁着还有政策，抓紧来店里看看车吧。

展后邀约的第三个要点是说可能。说可能是指告知那些资金不足的客户，虽然钱不够，但现在贷款有很多种，只要手续齐全，两成贷、一成贷都可以做。只要您想购买车，那您就来店，钱的问题可以想各种办法来解决。有些客户其实是不好意思说自己没钱买车的，这时候你要主动告诉客户：现在买车都是贷款，谁还全款买啊。所以，只要您想买车，总会有办法实现的。下面是示范话术，供大家参考使用。

张先生，在车展上因为太嘈杂，我也没来得及详细为您介绍咱们公司的车贷组合。现在买车的客户基本上都是贷款，很少有全款买车的。您看中的这款车，贷款非常划算，可以无息贷，三成、两成首付都可以。算下来，三万元左右就能把车开回家，非常划算。张先生，您来店里，我详细为您算算贷款。

展后邀约第四个要点是说遗憾。说遗憾的目的是告知客户，这次不购买确实非常遗憾，因为活动非常短暂，机会也非常难得。下面是示范话术，供大家参考使用。

张先生，这次活动真的是全年最大的活动了。如果不是最大型活动，也不敢和您签订报价协议。您的时间最宝贵，虽然买车看似是花钱了，车也是非保值的，但确实会给您节省大把的时间。像您这么优秀的人，时间肯定是金钱，节省了时间，就意味着多赚钱。再说了，买车也能方便您的家人。马上就到冬天了，天气特别冷，有个车出行会很方便。不然，大冬天打车都打不到，确实不是很爽。所以，早买早得益，您抓紧来店里，我帮您留一款您最喜欢的颜色。

展后邀约第五个要点是说感情。说感情是应对那些已经成交竞品的客户。很多销售顾问一听说客户购买了竞品车，说一句“恭喜”就直接把电话挂了。其实，销售是为了积攒人脉，客户不买你的车不代表他（她）的亲戚朋友不买。很多时候，我们要结善缘，对于已经购买的客户，还是要在情感上和客户建立一定的联系的。下面是示范话术，供大家参考使用。

没关系。张先生，虽然您买了别的品牌的车，但我们还是朋友。如果用车过程中有什么问题，也可以找我。我能帮忙的，肯定会努力帮忙的。买卖不成，朋友在，交您这个朋友，以后您肯定能给我介绍很多客户呢！

以上这些话术再结合展中邀约的话术方法共同使用，效果会更好。而且，作为销售顾问的你，一定要在车展结束后第一时间就给客户打电话进行二次邀约和问候。

大型车展如何高效签单

这一节，我给大家讲讲车展如何高效签单。因为车展的人流量大，客户的识别不是很容易，大家每天参展的真正销售时间也就是6个小时左右，如何在有限的销售时间内更高效的签单，这是本节要讨论的话题。所谓高效有两个含义，一个是如何在有限时间内接待更多的客户，一个是如何在有限时间内销售更多的产品。

一、三快

要想做到高效签单，第一步要学会三快。这三快是：快速接待，快速讲解，快速切入。下面，我就详细地为大家来介绍三快的具体内容。

（一）快速接待

第一快是快速接待。车展的人流比较大，声音也比较嘈杂，你一不留神可能就会错过客户，要眼观六路、耳听八方，不要错过任一客户，因为展位离得很近，你没看见的客户可能就被其他品牌“劫”

走了。所以，接待一定要迅速，宁错接，别放过。见到有人过来，要勤问、勤引导，不要像个木头桩子杵在展台前。你又不是模特，模特靠站台赚钱，你靠卖车赚钱，自己要分清楚。

有时候，因为接待的客户多了，成交率比较低，销售顾问就会倦怠，见到客户的第一反应不是去接待，而是先研究这个客户是不是买车的。这种做法非常不可取，甚至很愚蠢。即使你是有 10 年工作经验年的销售顾问，你也不能保证每个客户都看得很准。很多情况下，你都是看不准的，看不准就意味着丢客户。

即使客户真的不买车，你热情接待，互相留个微信号码，也可以结个善缘，没有销量，也可以要个人脉。以后客户想买车了，也许第一时间能想到你。销售工作做到最后，做的是人脉。

（二）快速讲解

所谓的快速讲解是指：接待客户到展车前以后，讲解产品要快速。讲解产品的原则，要根据你周围的品牌和你们自己的品牌的特点而定。讲解的卖点分为两部分，本品的主要推荐卖点有哪些，不要超过 5 个；本品比周围其他品牌强势的卖点是什么，不超过 3 个。因为很多客户来到你们的展厅，未必是你邀约来的，很有可能是展厅周围的其他品牌邀约来的。这个时候，你就要给客户讲清楚：和周围的品牌相比，你们的品牌的优势在哪、劣势在哪，要强化优势、规避劣势。最后，你要回答客户的疑问点，如果客户对于产品讲解的内容有疑问，要对客户疑问的问题做详细的回答。这就是讲重点、讲疑点、讲强势点。

（三）快速切入

快速切入是指不要给客户太多的犹豫和缓冲时间。产品讲解差不多的时候，要主动询问客户打算买多少钱的车、什么时候买、看好了哪些车等，要迅速切入到讲解后期，给客户介绍优惠和服务，并且进入谈判阶段。不要等着客户问你，要主动询问客户，因为车展的时间有限。你一天接待 3 批次客户，别人一天接待 10 批次客户，你觉得是你卖的多？还是别人卖的多？车展要讲究效率！

二、两准

学会了三快，车展签单还要做到两准：判定客户类型要准确，探寻客户需求要准确。

因为车展上有很多人是单纯来凑热闹的，这就需要你练就一双火眼金睛，观察客户要准确，发现不是客户，不要过多纠结，抓紧接待下一个。请注意：不是让你在展厅盯着来往的人看，大脑自动识别哪些是客户，哪些不是，地球人还没有这个本事，而是在接待过程中仔细观察。例如，有下面某种行为或几种行为的人是客户的可能性就比较大。

1. 对某一车型直接询问优惠条件或者直接和销售顾问谈价者。

2. 对购车细节感兴趣，询问保险、贷款及保养问题。

3. 全家人共同讨论某款车。

4. 坐在车内长时间讨论。

5. 进场后直奔某款车，长时间驻留。

6. 手中拿着几款竞品单页，不断询问细节。

7. 长时间倾听销售顾问的讲解，发表意见不是很多。

除了通过观察判定客户类型，我们在接待过程中，通过需求分析也能判定客户的准确要求。首先，要三问：打算买多少钱的车，保险怎么走，贷款怎么贷。其次是三探寻：是不是带家人过来看车的，喜欢什么颜色的车，对比了哪些品牌的车。三问的问题是直接和购车有关系的，这 3 个问题客户都没想好，除了防备心理强的因素外，那可能就是不买车。三探寻是问一些具体的细节，可以了解客户购车的具体进度，能预估客户是近期购车，还是长久规划购车。最后是三确认：今天能不能定，车是不是已经看好了，订金现在能不能交。三确认是客户具体和你谈价时你要进行的细节确认，目的还是要了解客户是不是在忽悠你。通过观察客户类型，探寻客户的需求，基本上就能很清晰地了解这个客户到底买不买车，什么时候买，能够帮你高效筛选客户。

三、价格谈判要狠

车展签单的最后一招是价格谈判要狠。

价格谈判要狠是指优惠给到位，客户去车展，不是因为车型多、选择面多，而是因为客户的印象中车展上车的价格就应该比 4S 店便宜，优惠力度更大。所以，你给客户报价的时候要狠，不要犹豫不决，报价给自己留一点余地即可。比如，你们某款车的底价是优惠 7000 元，送大礼包，你可以报价优惠 5000 元，送大礼包。留出点余地，客户要是感兴趣，直接把优惠都放完，抓紧成交。或者你要有自信，也可以把全部优惠一次放完，告诉客户这就是最低价，问谁都是这个价。如果客户考虑好了，可以直接订车。客户看你这么笃定，他（她）也不会有太多顾虑，也会很迅速做出决定，交钱订车走人。

上面两种报价方式都可以使用，这取决于你遇到的客户类型。原则上，车展报价一定要狠，不要像 4S 店内一样慢慢透价格，能买就抓紧签单，不能买也没办法。但是，这并不是意味着你鼻孔朝天地告诉客户：能买就买，不能买就走人。这样做只能让客户反感你。所以，虽然价格咬死，但是该有的服务要做到位，该有的耐心要有，该给客户详细讲解的地方要详细讲解。不能给客户的感觉是：价格就这样、服务不怎么样，这会很伤你的个人品牌和产品品牌。

学会了以上技巧，车展高效签单就不是一句口号。另外，技巧的学习需要练习，大家要把这些知识转化为技能，才算真正掌握了这些技巧。

大型车展没有发挥好、销量差，怎么办

参加过很多车展，你可能会遇到这样的情况，有些车展你们店的销量还不错，你的同事卖的也不错，但你发挥的不是很好，甚至很糟糕，遇到这种情况该怎么办?

下面，我们就来讲讲车展发挥很糟糕，我们要做些什么。

一、分析原因

车展上发挥不好，可能有如下几个原因，大家可以对号入座。

1. 客流量大，但因为技巧的问题，“抓”不住客户。

2. 客流量大，你也“抓”住了一些客户，但客户没有买车。

3. 客流量小，同事的订单是他们邀约到车展的客户下的。

4. 客流量小，但其他同事抢了竞品的订单。

5. 客流量小，你卖得不好，其他同事还抢了你的订单!

6. 客流量小，以前遇到这种情况，你卖得很好，这次却很差。

二、根据不同的原因采用不同的解决办法

（一）客流量大，但因为技巧的问题，“抓”不住客户

对于“客流量大,但因为技巧的问题,‘抓’不住客户”这类问题,主要原因是销售顾问的技巧不熟练，导致接待了客户也留不下来。车展的接待方式和展厅接待还是有很多不同点的。对于技巧的掌握的途径是学习，关于车展技巧的文章，网络上有很多，千聊上也有我的语音课程,大家可以自行去学习。但是,我要提醒大家注意一点,技巧的学习不是一蹴而就的。不是你今天学了，明天就能会，任何技巧的掌握都需要时间，时间长短也因人而异。学习技巧以后要进行实践，在实践的过程中再进行总结。任何技能的学习都是通过不断训练掌握的，不经过训练，所有的技能都只是知识而已。

（二）客流量大，“抓”住一些客户，但客户没有买车

因为车展越来越多,客户对于车展的优惠政策也不是特别感冒,客户自身也有各种渠道获得购车的信息。信息越多，客户做决策的速度反而越慢。所以，现在的客户购车的一个特点是购车决策时间延长了很多，而且，客户对比的产品也越来越多。

如果你在车展上“抓”住了一些客户，这些客户也有意向，甚至交了一些定金，那就不用太过担心，这些客户不是不买，只是决策比较慢而已。这种情况下，唯一需要注意的是要保持和客户的沟通。所谓夜长梦多，如果你觉得客户肯定能搞定了，不再和客户及时沟通，很容易客户被竞品打动。

（三）客流量小，同事的订单是邀约到车展的客户下的

如果同事的订单都是他们邀约到店的客户下的，那你自己就要回溯你邀约了多少客户来车展。如果你在展前把集客都处理掉了，车展上没订单，这也是正常的现象。

如果你也邀约了很多客户来车展，但都跑单了，客户被竞品拦截了或没买车，那你就要思考下自己的竞品拦截能力：是不是对客户了解不够、对竞品了解不够，才会出现这种情况。

（四）客流量小，但其他同事抢了竞品的订单

如果同事抢竞品的客户很成功，那就证明你所出售的产品的竞争力足够，优惠力度也足够，你没抢到客户，那就是你的能力问题。既然知道问题出在哪，那就努力提升抢单的能力。

（五）客流量小，你卖得不好，其他同事还抢了你的订单

你自己卖得不好就算了，自己的订单还被同事抢走了，这对于你来说确实很苦恼。针对这种问题，第一时间不要生气，你先要反思自己——为什么你的客户不来找你，是不是你对客户的掌控能力弱，是不是你对客户的关怀不够，还是客户对你的专业度不够信服。

反思自己以后，平静地去找经理说明情况，并且要有理有据，一不闹，二不生气。一旦你歇斯底里地闹，有理的事也变成没理的了。找经理说明情况，一定要找出以前在系统报备的证据，表卡也可以。

不要对抢你单的同事生气，很多销售顾问都把矛头对准抢单的人，其实是不对的。有客户，当然要接待，当然要卖车，人家凭什

么把客户给你留着，难道每接一个客户都要问问你是不是你的客户？你一旦把矛头对准同事，以后你们的关系就比较难相处，销售经理也很为难。所以，平静地找经理去处理这件事就可以了。

（六）客流量小，以前卖得很好，这次却很差

以前，无论大车展，还是小车展，无论客流量大小，你都能搞定客户，成交几单，但这次败走了麦城，没卖几台车，你自己很焦虑，不知道问题出在哪里，怎么办？

如果以前的车展都表现不错，只是这次不好，也说明不了什么。因为销售工作有时候确实也要讲点运气。但是，如果车展上也好，平时店里接待也好，很久都没开张，那就要找找原因了。我建议你从心态上寻找自己的问题，是不是最近自我膨胀的厉害？是不是心态特别急，特别想成交，反而导致接待客户的时候失去了往日的水准。

以上就是关于“车展没发挥好”这个问题，我给出大家处理问题的建议。车展只是售车的一个渠道而已，即使没发挥好，也不要太紧张，调整心态，继续努力就可以了。

车展最后一天，我们还可以做些什么

很多销售顾问都认为，车展的最后一天不是特别重要，该买车的客户都已经买了，不买的也不会再来车展了，但其实车展最后一天还是有很多工作可以做的，如果工作做得位，销量也会有明显的增加。

车展最后一天，我们除了努力卖车之外，还可以做些什么来促进销量呢？下面，我们一一道来。

一、邀约车展新增未购集客

车展上接待的客户，除了你自己邀约到车展的，一定还有一些车展上新增的客户。对于这类客户，在车展最后一天一定要打电话邀约客户来车展看看车。对于这类客户的邀约，要以车型和优惠力度、优惠时长等稀缺资源以及享受生活等话题作为邀约话术的核心，向客户传递两层意思：机不可失，失不再来，优惠马上结束，抓紧购买；另一层意思是早买早享受，抓紧购买，带着全家人享受生活！

二、邀约基盘未到车展客户

车展上还有另外一类客户不能忽视，那就是自己的基盘客户。你邀约没有来车展现场的。对于这类客户，销售顾问也要打一遍电话沟通。给这类客户打电话时不要强调优惠力度多大或价格多便宜等，而是邀请客户来车展，多看看各种品牌的车型，就当作休闲散心。以这种亚邀约的理由发出邀请，客户反而会更愿意来转转。如果你不断强调优惠力度或强调时间有限，反而会让客户产生抵触情绪。这类客户既然当初就没有来车展，一定是没有考虑好。所以，还不如大大方方的邀请客户过来领个礼品、参观各类车型。客户放下了防备，来车展参观了，也许现场就下定决心购买车了！

三、竞品展区定点拦截

如果销量实在太差，也可以去竞品展区定点拦截。比如，发传单、组织临时促销人员巡游等。但是，千万不要杵在竞品展区门口一动不动发传单，那不是拦截，那纯属上门砸场子。这个拦截的力度一定要掌握好，应为有时候弄不好，反而会引起争端，这也是需要注意的。

四、上门走访意向客户

车展最后一天结束时，还有最后一招可以用，就是上门走访意向客户。对于车展上犹犹豫豫还没有购买车的客户，可以在车展结束时亲自开车到客户家门口，和客户交流购买车辆的事宜，你的诚意会换来客户做出购买的决定的。别觉得这个方法是天方夜谭，我在给 4S 店的销售顾问做辅导的时候，发现很多店都有类似的做法。而且，这种做法带来的效果也是非常明显的。但是，需要注意一点的，上门走访客户的选择很重要，最好是你的基盘客户，因为前期有过沟通，车展上也有沟通，上门不显得突兀。如果是车展新增客户，尽可能不要做上门走访。

无论是车展第一天，还是最后一天，都是全新的一天。既然是全新的一天，我们就要从点滴做起，把能做的工作做到位，把能争取的客户努力争取到手。

如何提升客户的满意度

大家都知道转介绍率和客户的满意度有关，但到底如何提升满意度，大都没有什么概念。如果你没有如何提升客户满意度这个概念，那你最好先了解下兴奋度曲线，因为它是客户满意度的第一个重要关口。

客户兴奋度曲线是指客户在整个购买车的过程中，哪个阶段最为兴奋和开心。有专业机构统计过，客户在交车的时候是最为兴奋和开心的。因为经过长期思考，选定了车，现在终于拿到了自己的爱车，客户内心肯定是最为兴奋的，也是最开心的。这个时候，客户也希望周围的人和他（她）是相同的状态。恰恰相反的是，销售顾问在这个时候并不是最兴奋的状态，因为最兴奋的状态已经过去了。销售顾问最兴奋的时期是签单的一刻，当客户签单或者交了足够多的定金，销售顾问是最为开心的。后续交车，很多销售顾问觉得是例行公事，也不是最兴奋的状态。那么，是不是不兴奋的状态就有问题？是的，当你不够兴奋，你就容易忽视客户的感受，不理解客户的心情，交车的很多环节就不会站在客户的角度考虑，这就容易导致客户的满意度下降。

在客户的整体的满意度当中，交车的满意度占比是最高的，也是最能影响客户后续的一系列行为的，但也是最不被销售顾问重视的环节。有的销售顾问可能会说：丁老师，我很重视客户，我们公司有流程的。其实，我都是按照流程走的。其实，我说的不是流程，而是你是否用心为客户服务了。

客户的幸福度曲线直接影响客户的满意度，而满意度又决定着客户对于你们的品牌及你个人的整体评价，这种评价会影响转介绍率，也就是销量的提升。其实，销售是由万千个细节组成的。细节出成绩，如果你把很多细节做到位，销量自然也就提升了。如果你没做到位，客户是有对比的，这种对比来源于周围的朋友和资讯。比如，他（她）可能会和其他朋友聊交车的细节，发现没有人家的好，那自然就会有失落感，满意度下降。

我认识的一个销售顾问小 A，对于交车的时候的客户就不是很重视。小 A 总觉得一些基本的流程都没有问题，车没问题，客户开走就行了。而且，小 A 还振振有词地说：反正他（她）也不能退车了，搞那么麻烦干什么？抓紧结束这个事，别耽误接待别的客户的时间。小 A 这种心理状态就是典型的丢了西瓜捡芝麻。

我在前文说过，做销售工作最大的财富不是提成，提成只是销售过程的产物，真正的财富在于你有机会结交一个朋友。我这里说的是有机会，是指销售工作让你和客户之间彼此有了初步的信任。如果你加强这种信任，客户就有可能成为你的朋友。如果你对这个机会视而不见，不是加强而是减少信任，你将失去一个朋友，失去后续继续成交的可能。

很多销售顾问，客户没买车的时候笑脸相迎，客户说什么都是对的；客户买了车，你就冷脸如墨，客户说什么都没用。这种态度，你还能结交朋友？没了朋友，就没了人脉，没了人脉就没了日后成长的基石，这叫作自拆院墙，十分可怕。

了解了客户满意度的存在，我们就知道在交车的过程中，我们和客户的心态是不一样的，我们就要努力站在客户的角度想问题。了解客户兴奋度曲线，本质的目的是为了提升客户满意度。提升客户满意度就要从交车的流程下手，也就是交车预约、交车准备、来店接待、新车确认、时间铺垫、解释因果等这些环节不要错过，一定要按照标准流程做好，这才能让客户基本满意，也就是保持满意度不下降。

在上述这些流程中，时间铺垫和解释因果，大家可能不是很清楚，我简单解释下。时间铺垫是告知客户每个环节需要的时间，让客户有个心理准备。解释因果是以防客户对于某个环节提出异议，那就需要我们提前进行因果解释，为什么要进行这一步。

以上这些流程都做好，只能维持满意度。如果你想让客户满意度提升，完成基本的流程还不够，你还要学会创造不同。如何创造不同，我们在下一节叙述。

如何提升客户的优越感

客户的满意度只能维持客户对于品牌的好感。如果我们期望客户帮助品牌提升口碑，帮助品牌进行优势传播，所需要的不仅仅是满意度，还有客户优越感。无论是客户满意度提升，还是客户的优越感提升，我们的目的还是为了提升我们客户的转介绍率。

所谓的优越感是让客户觉得购买这个品牌，让其体会到了不同的感受，体验到了不同服务。当年，海尔提出的服务理念其实也是在提升客户优越感。海尔砸冰箱的动作是向客户证明产品的品质，这一步其实是在提升客户的满意度。当满意度足够的时候，上门服务态度好、服务及时和维修人员自带鞋套这些举措就是在提升客户的优越感。客户和别人聊天的时候，就会讲海尔的服务如何如何，这就变成了口碑传播，这种口碑的扩散又带来了很多人继续购买海尔的产品。

在提升客户满意度这个问题上，我们一定要厘清标准服务流程和满意度之间的关系。很多销售顾问错把标准服务流程当作了提升客户满意度，这其实是错误的。我举一个例子，客户去你隔壁的一汽大众店，销售顾问给客户倒了一杯水；客户又去了上汽大众店，销售顾问也给客户倒了一杯水，客户的满意度提升了吗？客户的满意度完全没有提升。因为客户在两个店享受到的服务是一样的，客户觉得这是很正常的服务。如果一家 4S 店倒水了，另一家 4S 店没倒水，这种情况下，倒水的 4S 店的客户满意度会提高，因为客户有对比。如果两个店的流程一样，那这种服务就变成了常规的服务流程，并不能提升客户的满意度。很多销售顾问经常会在这里困惑：你看我的交车流程做的没问题啊，我的交车仪式、交车合影的什么都有，这难道没有提升客户满意度吗？原则上来说，这是没有提升的，因为客户在其他店也能享受到相同的服务。

从上面的阐述中，你至少应明白 3 个道理。标准服务流程只能维持客户满意度不下降，但并不能带来满意度的提升，满意度不能提升就无法让客户进行口碑传播。满意度的提升不仅仅是在交车环节，在客户进店以后的所有环节中，你都要努力地维持和提升客户的满意度。这里，我提到两个词。第一个词是维持，维持就是服务流程不能少，也就是大家都在做的事。第二个词是提升，提升就是大家没有做的事，你创新做的事。

维持能够保持客户的满意度，而提升能够给客户带来优越感。

第六章

销售顾问经常遇到的9个问题

导 读

做既勤奋、又正能量的销售顾问

遇到犹豫或强势的客户，是否要大胆一点

应该如何对待集客

如何给客户发节日祝福信息

为什么说“老销售”可能失败在不学习上

为什么说“老销售”可能失败在挑客户上

作为“老销售”，你到底该不该换工作

销售是一个整体吗

新人总是焦虑，怎么办

当你厌倦邀约时，怎么办

提桶人和管道工

做既勤奋、又正能量的销售顾问

做销售工作是个辛苦活儿，压力也非常大。做得好的时候，意气风发；做得不好的时候，也会孤独沮丧。10 年的销售培训生涯，让我遇见了各种各样的销售顾问，有销售冠军，也有新人；有成功晋升，也有黯然离职……当然，销售这个职业也成就了很多人，包括我自己。

在销售领域，最需要的就是勤奋，最害怕的就是认知错误。同样一件事，如果你的认知不对，你的选择就不对，选择最终影响了结果，而结果又在不断的影响你。如果你在一个正能量循环里，你会越来越正向。如果你在一个负能量循环里，你会越来越负面。正面和负面的其实都是个人的选择不同造成的，而你的选择就是你认知的表现。所以，在本书最后一章里，我们聊一聊销售顾问经常遇到的一些困惑和问题，让大家知道如何做一个既勤奋、又认知正确的销售顾问。

遇到犹豫或强势的客户，是否要大胆一点

现在做销售工作真心不容易，无论是哪个行业的销售人员，压力都非常大，每天都是销量、销量、销量，做梦都是销量任务。

销售顾问也不是单纯因为客户不好伺候带来的压力，社会的大环境给我们的压力更大，房、车贷款，孩子学费，老人医疗，几座大山压下来，有时候真的让我们喘不过气来。可又有什么办法呢？生活不易，且行且珍惜。感慨完，还得想想怎么应对犹豫不决的客户。

下面，我教给大家几个方法来应对犹豫不决的客户。

客户犹豫，你不知道怎么处理的最本质原因是：你怕丢客户！你真的怕丢客户！你确定以及肯定是怕丢客户！

因为你怕丢客户，所以你在和客户交流的时候，总是唯唯诺诺，总是没有底气，总是客户说什么你就附和什么。你觉得好不容易遇到一个客户，我必须搞定他（她），不能丢单，更不能丢客户！你越是这么想，你就越不会处理两类客户：犹豫不决的客户和非常强势的客户。

销售表面上是价格博弈、产品博弈，其实双方还在进行着心理

博弈，你越是急切，越是想成交，客户就越觉得和你还有可以谈的筹码和空间，所谓心急吃不了热豆腐就是这个意思。你表现的云淡风轻，应对得体，客户也会受你情绪的影响，反而更易于成交。

你看到这里可能会说：丁老师，你说的不对，我已经很云淡风轻了，可客户依然折磨我、依然犹豫，我该怎么办？

我告诉你：如果遇到一些犹豫或强势的客户，常规的手段和技巧都不能搞定这些客户，那你就大胆一点。客户不敢做决定，你就替他（她）做决定！ 客户不好好说话，你该怼他就用力怼，别犹豫，也别怕他（她）离开。

一个客户决定不了你的人生，两个客户也决定不了！所以，别怕说错话，该说什么就说什么。

这几年，很多销售顾问被客户满意度这个指标折腾得够呛，过于曲解了这个指标，总觉得客户说什么都是对的，一切以客户满意为宗旨，客户满意度这个指标是好的，但做法上也要因客户而异，不能时时处处都以客户为中心，面对不同的客户，处理的手法也是不同的。

客户不知道选轿车，还是选SUV？你告诉他（她），就选SUV，别的不用考虑！

客户不知道是选哪个颜色的车？你告诉他（她）就选白色的车，别的不用考虑！

客户不知道是该贷款买车，还是全款买车？你告诉他（她）只能贷款，不用考虑全款，全款不卖给他（她）！

客户想问问妻子（丈夫）再说？你告诉他（她），一个大男人（半边天），这点事都做不了主，落后时代了！

客户怕买了车以后再便宜，如何是好？你告诉他（她），3年以后这车肯定更便宜，你难道3年以后买吗？

客户觉得朋友说得有道理？你告诉他（她）世界上最愚蠢的事情就是：花自己的钱，买别人喜欢的车！

客户说能不能再送点赠品？你开玩笑般告诉他（她），你想把自己都送给他（她），你问问他（她）敢要不？

别觉得上面这些话术是玩笑话。有些客户，你还真要反其道而行之，有时候剑走偏锋，效果更佳。但是，请注意：一定要因人而异。比如，有的客户开不起玩笑，人比较严肃，你就不能用上面话术中的最后一句。

应该如何对待集客

集客重要不重要，我相信大家都很清楚，但大多数店面都是管理层重视集客，销售顾问对集客不重视，甚至有些4S店的管理层对于集客也不重视。集客是什么，集客像是小河流，小河流集合在一起才能汇成江河湖海，有了江湖湖海，才能养出很多大鱼。但是，很多店的实际情况都是让这些小河流白白流失，最后也养不出多少大鱼。很多销售顾问都存在以下4个问题。

一、不愿意整理集客信息

管理好的4S店，可能有专门的系统或者表卡来记录集客信息，管理差一点的4S店，很多集客信息都在销售顾问的手里，有的歪歪扭扭记在自己的小本本上，有的根本就不做记录，随便记录在纸上或手机上。

每次到店辅导的时候，我看到这种现象，都会指着每一个小本本上的集客信息问销售顾问；这个客户是什么情况，请你来描述客户的详细情况。销售顾问这个时候基本上都靠回忆，但我们都清楚，回忆是不靠谱的。短期的集客信息，你可以回忆，那长期的呢？3

个月的呢？ 5 个月的呢？难道你还要靠回忆吗？

很多商家的管理层都不重视集客信息的管理，也不定期对这些集客信息进行整理，销售经理、店长都不清楚每个销售顾问手里有多少集客信息。慢慢地，这些集客信息随着销售顾问的流失也流失了。

怎么解决这个问题呢？没有捷径、老老实实地把集客信息整理及管理工作做扎实，做到集客信息有记录、有条理，清晰无误。

二、不愿意出去“扫街”

很多销售顾问都不愿意去“扫街”，因为“扫街”等类似的销售活动的集客准确率比较低。累了一天，拿回的集客信息可能都是无效的。另外，“扫街”也比较辛苦。如果辛苦一天，回到店里，发现没有出去“扫街”的销售顾问成交了一两台车，那心里面可就更悲苦了，决定以后再也不去“扫街”了。

其实，“扫街”就如同往田地里撒种子，虽然开始的时候很辛苦，见效也比较慢，但随着时间的增长，只要不断坚持，这些种子总会发芽、生长，最后结出果实。

客户为什么会来你的店里看车？还不是因为客户看到了你们的宣传，知道有这么一款车，所以才来看看吗？

“扫街”的目的其实就是在做定点宣传，让客户了解到有这么一款产品，让客户在买车的时候能够把你所宣传的车放入到“对比购物车”里。

三、不愿意给“主动冻结”的客户打电话

销售顾问喜欢“主动冻结”客户。所谓的主动冻结就是销售顾

问打了几次电话，被邀约的客户不来，被客户拒绝几次以后，就主动把这个客户“打入冷宫”。可能销售顾问自己没觉得什么，但如果统计下来，这种被“打入冷宫”的客户是非常多的。

我想告诉销售顾问的一句话是：你以为的未必是你以为的。你以为客户不买，不代表他（她）真的不买。客户告诉你，他（她）不买车了，你以为他（她）就真的不买了吗？

作为一名合格的销售顾问，如果客户没有把你拉入黑名单，没有换号码，那你就应该坚持打下去，坚持去和客户交流，无论客户怼你多少次，无论客户拒绝你多少次。

四、不愿意和保有客户建立长期的联系

保有客户是你的另外一种集客形式，很多销售顾问都不清楚这一点。销售顾问都喜欢一锤子买卖，成交了以后，永远都不想和客户再有交集。你如果有这种思想，你的转介绍率一定不会高到哪去，因为保有客户是你长期做销售工作的基础。如果你不认真对待保有客户，不把客户当作长期的朋友来对待，那你很难在销售领域大有作为。我再重复一次：销售工作做到最后，做的都是人脉。

以上这些问题在每个 4S 店面都有。集客的管控决定着一家店的销量好坏，从源头抓起，销量才能有提升。对于销售顾问来说，集客虽然不能决定你的生死，但实实在在决定你能赚多少钱。巧妇难为无米之炊，没有集客，一切销售技巧都没意义。

如何给客户发节日祝福信息

一、发送节日祝福信息，附个小红包

节日祝福的话术样式再美，创意再新，都不如给客户发个红包给力，哪怕你的红包只有 0.88 元。

在节日祝福信息发送之前，先给客户发一个红包，红包备注写上：× 先生（女士），祝您节日快乐！然后，再配合上祝福短语，效果更佳。

心理学里有一个互惠的原理，当我们给予别人一次恩惠的时候，对方下意识的也会对你这次恩惠进行回馈。恩惠越大，回馈力度越大。

祝福信息不是互惠原理，客户也不会产生回馈的心理状态，但无论多小的红包都是一次典型的互惠，这种互惠才是我们发送节日祝福信息的目的。

发送红包的金额我建议是 0.88 元，或 1.88 元，或 2.88 元，或 5.88 元，或 6.88 元。

需要大家注意的是：并不是所有客户都需要发红包，要根据客户的类型来选择不同的祝福方式。

二、祝福语要真诚，有针对性，有细节

如果你的客户太多，或者你不想给客户发小红包，那也可以只发祝福语给客户。发送祝福语的途径可以是短信、微信、电子邮件、纸质贺卡……如果你只用微信祝福，你需要怎么做呢？

发祝福语，首先要做到真诚。不要群发一段祝福语，至少不同的客户要给予不同的称呼。要让客户觉得你是特意编辑的这条祝福语送给他（她），你很真诚。

除了真诚以外，发送祝福语给客户还要有针对性和细节。不同的客户，祝福的话语不能千篇一律。比如，客户是做生意的，肯定祝福他（她）生意兴隆；如果客户家里有小朋友，祝福小朋友也是不错的选择。说得再直白点，你的祝福语要根据不同的客户设计，而且要让客户知道你的祝福是建立在对他（她）的了解基础之上的。

三、有礼物，一定要选对客户，用力送

如果你的单位给客户准备了节日小礼物，别犹豫，有多少送多少。但是，在送礼物之前，一定要选定客户。不是所有客户都需要礼物，潜在客户和忠诚度高的保有客户是你送礼物的首选，因为这种客户未来会给你创造更多的效益。

对于给你介绍了很多客户的保有客户，即使单位没有礼物准备，你自己也要掏腰包买礼物送给客户。一份小礼物没多少钱，送出去代表你的心意，会让客户有更大的动力去继续给你介绍客户。不要冷了帮助过你的客户的心。冷了他们的心，你也就断了自己的路。

四、语音祝福好于文字话术

如果你想求新、求变，你的祝福信息以语音的形式发给客户，效果会更佳。大家都是祝福话术，你的是祝福语音，会给客户留下深刻的印象。发送祝福语音大体的原则和前面所说的发送祝福信息的方式方法相似，但发送祝福语音的时间要选择好。并不是每个客户都有时间听语音，一定要选择一个客户相对不忙的时间段来发送语音祝福。否则，效果不会很理想。

五、微信朋友圈可以是另外一种祝福方式

微信朋友圈也可以作为祝福语的发送渠道的。当然，你要设计一番，如图片加文字什么的，然后提醒哪些客户看这个朋友圈。这种方式的好处是非常新颖，而且不打扰客户。另外，如果对一群客户进行统一的祝福，朋友圈发送的图片一定是你和这些客户共同经历的时刻。比如，你选择 5 位你的老客户来看朋友圈，那至少应有 5 张图片是你和这 5 位客户的交车照片，还应有一张是你穿工装的照片，这叫作回忆过去、展望未来。让客户知道你没忘记他们，也提醒他们别忘记你。

希望你的节日祝福都能打动你的客户，让客户更加喜欢你、信任你。

为什么说“老销售”可能失败在不学习上

作为一名资深“老销售”，你有多久不看产品知识了？

作为一名资深“老销售”，你有多久不讲“六方位”了？

作为一名资深“老销售”，你有多久不做模拟演练了？

看了上面这 3 个问题，你可能会回答我：这些东西我都会！你真的会吗？你真能把所有产品的产品知识倒背如流？你真能把每款产品的“六方位”都讲得很好？我不信，估计你自己也不信吧。

很多销售顾问成长最快的时期是刚入职的前几个月。进入一个陌生的环境，人生地不熟，怀揣着理想，努力想证明自己。哪个时候的你;学习的格外努力，也格外认真。但是，随着第一台车的成交，一台接着一台的销量让你觉得你已经成了一名合格的销售顾问，学习这玩意和你这个“老人”无关了。

很多新人来请教你如何卖车，你沾沾自喜，觉得自己成了一个高手。没错，你确实比刚入这个行业的你要成长了很多。但是，我们现代人的平均寿命大约是七八十岁，你努力几个月的成果不足以让你以后的五十年都能顺风顺水，也不能让你赚到足够你活到死的生活费!

职场上有一句话：企业是董事长的，但学习成长是自己的！我个人很认同这句话，工作可以换，但换的工作的好坏取决于你有多大能力！并且，你学习成长的速度越快，你的能力越强，你目前所在的企业就越会倚重你，你完全可以不换工作也能过得很好!

当今，社会的资讯发达的程度是我们不能想象的。现在的学习也越来越简单，只要你想学，互联网上没有你找不到的资料。但是，越是这样，反而让你越加懒惰，就如同把书买来放在书架上就以为自己读了书一样。这种求心安的做法让你一直在自欺欺人，你觉得互联网上的学习资料就在那里，你什么时候都可以学，但真实的情况是：这个什么时候从来都是遥遥无期，你和它从没有交集过。

你说：我现在的业绩挺好，我每个月都是销售冠军，我为什么要学习？没错，你的业绩是很好，但这是你 20 岁在这个企业，你 30 岁呢？你 40 岁呢？你的人生目标在哪里呢？

你现在努力学习成长，并不是为现在的你，而是为了将来的你。将来你在哪里，取决于你现在把目光和行动放在什么地方。如果你一直原地踏步，那你可能就没有将来!

俗语说：机会留给有准备的人！我认为不对！因为你不知道未来有什么样的机会，所以你无从准备。但是，我相信另外一种说法：机会总会青睐不断学习的人。因为无论机会在哪里，懂的多人总能更容易抓到机会。

为什么说“老销售”可能失败在挑客户上

你是否具备火眼金睛的能力，能够看透人心？

你是否具备生物探测的功能，能够看透他人的潜意识？

你是否具备金钱测试仪的能力，能够看到客户钱包里有多少钱？

既然上面这些能力，你都不具备，那你为什么还要挑客户呢？

你可能觉得自己当过销售冠军，车也卖的不少了，人情世故都懂，客户一个眼神、一个动作，你都知道什么意思，可现实真的是这样吗？

有时候，你说这个客户不会买车，告诉同事不要管他（她）。同事接待完客户，客户确实没买车。你就会和小伙伴说：你看看，这个客户没买车吧。听我的准没错！可你不知道，因为你这个判断，你自己损失了多少客户！

每次做到店辅导，我都要让销售顾问给所有的战败的、冻结的客户重新打一遍电话，每次都能发现很多“漏网之鱼”。而且，很多“漏网之鱼”就不应该称作被“网”漏掉的，应该是“捕鱼的人”根本就没“下过网”！

每次检查“老销售”的客户档案本时，都有很多客户被尘封在某个角落，从不被问津！

做销售，只有客户挑你的资格，没有你挑客户的资格。因为你所谓的经验，在这个信息发达的社会里，根本起不了多少作用。

你觉得自己在成长，难道客户没有成长？现在那个客户不知道伪装自己的想法？那个客户上来就告诉你想买什么车？不都是在销售顾问不断的探寻和交流中获得的真实信息吗？

你不是客户肚子里的蛔虫，你怎么知道客户不买车呢？你怎么就知道他（她）不是潜在客户呢？

即使客户真的不买车，接待这种客户，也是帮你做了宣传。让他（她）了解了你的产品，也许他（她）的朋友也会买车。现在已经不是 10 年前了。10 年前，如果你做销售顾问，你可能每天在展厅忙得不可开交，客户可能求着你买车。现在是各种品牌林立，竞争异常激烈，有可能你一天都接待不到几个客户，那你还有什么资格挑客户呢？

难道因为你业绩好就能挑客户？你所谓的业绩好，都是和你们店内的其他销售顾问比，你看过外面的世界吗？难道你的梦想就是在这家 4S 店混吃等死吗？我相信你肯定不是！

多少你收集的潜在客户躺在你的客户记录本上，你看都懒得看，因为每天给他们打电话被拒绝真的很不爽。所以，你选择无视，自己催眠自己说：这些都是不买车的！其实不是他们不买车，而是你不想卖车而已！

做销售工作，都是一单一单做起的，都是无数泪水和汗水凝结的成果。销售这条路没有尽头，也没有终点，只要你有梦想，你总能跨越一座座高山，前往一个个新的领域，而促进你成长的，是无数客户的认可和鼓励。

不要把销售工作当作职业来做，要把销售工作当作事业来做。热情接待每一个在你的事业中出现的客户，无论他（她）是买车还是不买车。因为这些人都是你走向销售巅峰的最好见证者，也是你成功路上不可多得的助力！

做销售工作的首要技巧叫勤奋，第二技巧叫坚持。做销售工作，只有不忘初心，才能方得始终！

作为“老销售”，你到底该不该换工作

有个销售顾问在微信上咨询我：丁老师，我现在工作的这家4S店马上就不干了，正在甩货……我一听就乐了，她也乐了，这是她今年工作的第二家单位，也是她遇到的倒闭的第二家4S店。我估计她自己有点怀疑人生了，自己是不是4S店的专职杀手，怎么去一家倒闭一家呢？

她告诉我：她想换工作了，不想在车行干了，有个小伙伴邀请她去售楼，问我行不行，让我给一些建议。

我觉得上面这个故事里这位销售顾问的这个问题很好，很多小伙伴都面临类似的抉择，换还是不换，应该怎么换工作？本节，我们就来聊聊这个话题

换工作有3个维度，这3个维度不是我说的，是一个叫施恩的管理学大师说的。这3个维度分别是行业价值、职业价值、企业价值，也就是我们评估一份工作值不值得换的坐标系。

下面，我们就拿上面故事里这位销售顾问的事例来分析换工作这个话题。

行业价值是指这个行业目前处于什么样的水平，是不是有前景可挖。这位销售顾问目前是在汽车行业，她想选择房地产行业，那么，我们就对比一下。

汽车行业VS房地产行业。这两个行业其实在当今的环境下都不是特别好。汽车和房子这两个都属于大额消费品，房子的消费额度更高一些，但都与经济大环境有关。全球经济不景气，这两个行业的日子都很艰难。一般而言，汽车销售好的时候，房子的销售也差不到哪去;汽车不好卖,房子也不会好卖。而且,汽车和房子相比，毕竟属于小额消费，相对环境还能更好一点。所以，从行业选择来讲，从汽车行业到房地产行业并不是一个特别好的选择。

企业价值是指你选择的这个企业有没有更好的上升空间，或者能给予你更多的学习成长的机会。上面这位销售顾问面对的这两个企业都是民营企业。

民营企业VS民营企业。这位销售顾问准备去的这家房地产公司也是本地公司，和4S店一样，也是一家民营企业。房地产公司规模也不是特别大，相比4S店，资金盘子肯定更大，但从管理、学习、升迁的角度看，还不如4S店能升职的快，有可能会更慢。因为都是从底层销售做起，她在房地产属于新人，在汽车行业还属于老人。

职业价值是指你选择的这个职业或者岗位,能否让你快速成长,或者能帮助你快速成长。

4S店销售VS房地产销售。从职业价值角度看，这两个岗位都是做销售工作,无非就是产品不同。都要邀约、需求分析、价格谈判,用的还是固有的、已经学会的技能，并不能给她带来新技能的学习，也不能让她固有技能得到很大提升。所以，从这个角度看，她还是原地踏步，没有任何的前进。

通过以上分析，大家是不是就能很明白了，她到底应不应该换工作，应该怎么换工作？

有人问了：丁老师，你没有把工资待遇算进去。确实，在这轮分析中，我并没有加入工资待遇这个维度，因为岗位没变，即使两边的工资待遇相差一两千元，其实也没有任何意义。你感觉多了两千元的收入，生活稍微不苟且了一点，但你自己本身其实还是原地踏步，反而得不偿失。我们追求的不应该是现在多赚的仨瓜俩枣，我们应该追求的是如何快速成长。

我认识的一个朋友，原来和我一个单位，比我还小几岁。来到单位不几天，这位朋友就果断离职，找到了更好的去处。前几天，我在朋友圈看到他的信息，他现在已经是某公司董事会的成员了。

人生不怕没机会，怕的是你分析不清机会在哪里。总是原地踏步，那样只会蹉跎岁月，一杯浊酒换新愁而已！

销售是一个整体吗

最近在和销售顾问们互动的时候，我发现大家有一个很大的误区——销售不是一个整体活动，这也是我自己本身也没有太留意的一个问题，但这个误区对销售顾问们的影响真的很大。本节，我来和大家交流一下这个问题，希望对各位能有帮助。

销售是由邀约、接待、产品讲解、需求分析、谈判、成交等几个模块组成的，这个每个人都清楚。但是，销售是一个整体，在任何一次销售过程中都不要把这些模块割裂开来看问题，要学会整体看问题，每个部分相互之间都是有关联并彼此影响的。比如，产品讲解会影响需求分析和价格谈判，而需求分析又会影响客户的成交，接待的好坏直接影响着下次邀约的成功与否，成交还会影响客户的转介绍，等等。所以说，销售是一个整体，要从整体上看问题，而不要割裂地分模块去看待每一次销售过程。

我们在学习销售技巧的时候，把技巧分为邀约、产品讲解、需求分析、谈判、成交等模块，是为了方便大家理解销售，更容易学习销售技巧。

我在做到店辅导或回答微信平台小伙伴的问题时，很多人问我问题，或者回答问题的时候，都会单纯地从邀约看邀约，从谈判看谈判，而不是从一次销售的整体进度去把握。比如销售顾问问我：产品讲解怎么才能讲的更好？什么叫讲的好，什么叫不好。如果单纯从产品的角度来说，把产品讲清楚，客户听得明白，这就叫作讲好了。但是，这样是远远不够的，你要在产品讲解的时候做需求分析，了解更多的客户信息，你还要在讲解的时候为后期价格谈判做铺垫，让客户了解车辆的价值。而且，更高的要求是你在讲解的时候可能还要为下次邀约做铺垫，这些工作在一次产品讲解的时候，可能都要体现出来，但往往大家会忽略这些问题，只是单纯地从产品的角度和客户做交流。这就如同一个围棋高手，下一步棋，可能要看10步后或50步后的走法，这叫战略布局。具体走哪一步，那只是其中的一个小战术而已。

我们在进行一次销售活动时，无论是邀约，还是产品讲解，还是接待，都要为后续的销售思路布局。我们不能决定客户买哪款产品，但我们能影响客户的心智，从而间接影响他（她）的选择。但是，这种影响不是简单粗暴的，而应该是要像春雨一样随风潜入夜、润物细无声。

新人总是焦虑，怎么办

很多新人刚进入汽车行业，总希望一口吃个胖子，总希望来到 4S 店里一个月就能成为销冠，甚至希望干一年就赚个盆满钵满，但现实总是无情的打脸。打脸以后就会开始怀疑自己，怀疑人生，觉得自己可能不适合做销售，然后就开始琢磨着下份工作能做什么。

有的销售新人问我：丁老师，有什么话术能够快速把客户搞定？我听了以后只能苦笑，我告诉他（她）：如果有，我也不告诉你，因为我肯定要留着自己用。

销售是一个需要长期积累的工作，技能的提升不是一蹴而就的，需要不断地总结、积累，不断地成长。你玩《王者荣耀》的时候，是不是上来就能五杀？这个估计很难，游戏刚开始总要从补兵、发育、买装备、升技能做起，然后才有后期的带着团队一起飞的可能，才有机会尝试下五杀，最后才能当上王者。做销售也是如此，任何销售技能都不是一天就能学会的，都需要发现问题、解决问题、反省问题，最终形成技巧。然后，把技巧不断应用，直到非常熟练为止。销售不止一个技巧，就像《王者荣耀》的人物不止一个技能一样，你需要做的就是把各种技能都要练习到熟练。这样，你和最强王者的距离就越来越近了。

对于刚进入这个行业的小伙伴，如果你认可自己的选择，你就要去坚持，在坚持的过程中不断学习，在学习中不断成长，在成长的过程中不断总结，在总结的过程中不断升华。

人生的路都是自己走的，慢和快都不重要，也不要和任何人去比较，因为这种比较都是伪命题，没有任何意义和价值。每个人所处的环境和境遇都不同，大家都不在一个起跑线上。所以，你只能和自己比，所有的路都得自己去尝试，所有的苦都要自己去吃，所有的坑都要自己去跳，所有的技能也都得自己去磨炼，只要你比昨天的自己更进步就可以了。

我经常告诉销售顾问们，要相信因果，5年因、5年果。你现在所处这个位置的原因，是由你上个5年的行为所造成的结果；你下个5年能成为什么样，取决于你现在努力的程度。

盛年不再来，岁月不待人。游戏开始了，如果强制退出，系统会给你惩罚。人生开始了，我们都没有退路，活着就要活的像个样子。但是，这并不意味着你就应该急于求成，你就应该寻找各种所谓的捷径。销售工作没有捷径可走，销售工作只相信努力和勤奋，相信一分耕耘一分收获。

当你厌倦邀约时，怎么办

每当听到销售经理和你说：今天，你要给客户打 ×× 通邀约电话时，你是不是很烦？

每当你拿起电话进行邀约时，你内心是不是本能的排斥，特别不想给客户打电话？

早晨起来，当你一想到要去公司上班的时候，你有没有一种想逃离的冲动？

如果你有上述这些情况，恭喜你，这证明你是做销售的好资料！

我当年在大连市做大客户销售的时候，每天都要陌拜（陌生拜访），见的都是各大企业的采购主管或是政府主管采购的那些小领导。经常被人家“甩脸色”，经常被拒绝，甚至连保安这一关有时都过不去。那个时候，我每天起床，一想到今天还要去陌拜，还要被拒绝，我就很沮丧，不知道自己的人生出路在哪里？看到这，你是不是和我有同感，有没有共鸣？

如果你现在坐在我面前，我一定端起酒杯告诉你，谁没有点心酸往事，干了这杯酒，继续往前走！但是，没有大连市的那段经历，我也不可能去海尔，更不可能在汽车行业做培训师。如果你认为我说这么一个故事，给你一个心灵鸡汤就结束了，这个故事对你来说也没有什么用。

我这几年读了许多书，开始梳理克服当年的那种感受，毕竟当年那段经历折磨我了很长一段时间，而现在汽车行业的小伙伴们还经历着和我一样的折磨，我想帮助大家。

要想解决这种沮丧、逃避的心态，首先就要分析为什么会出现这样的状况。我总结了以下几点，如果不全面，大家自己补充。

1. 邀约时被拒绝了太多次，产生了消极、不自信的情绪，开始自我怀疑、自我否定。

2. 没有目标，完全是混日子。这里的目标不是指销量目标，而是人生目标。

3. 只看到了工作中消极的一面，看不到积极的一面。

4. 邀约没有方法，感觉自己每天重复着昨天的故事。所以，开始麻木不仁。

5. 不会自我激励与情绪控制。

问题的原因找到了，那剩下的就是解决办法了。

如果你认真阅读了本书，你就明白一个道理，邀约被拒绝是正常的，邀约的成功概率有20%就非常不错了。所以，被拒绝也是正常的。如果你能明白这个道理，那么，问题就解决了一半。每次被拒绝时，你都要告诫自己：这是概率问题，不要怕，也不要怀疑自己的人生，更不要想自己适合不适合做销售这种无聊的问题。但是，人生没有对比就没有伤害。你一看你的小伙伴邀约的客户数量比你多的时候，你就不淡定了，你就会说：丁老师说邀约是概率问题，为什么人家的概率比我大这么多，怎么办？这个时候，你就要学习邀约的技巧。去哪学？图书、音像资料、互联网上（网站、论坛、微博、微信、公众号等）……太多可以学习的地方了。只要你有心，你就能学。所以，这就解决了你的技巧问题，也就是你有了邀约的方法。

有了方法以后，你就会把方法应用在客户身上。每当你发现方法管用，肯定特有成就感，这就解决了你每天觉得工作没趣和麻木不仁的状态。

虽然你很努力在进步，但销售这个行业每天都充斥着抱怨和竞争，周围的环境也会让你消极和抱怨，看不到自己积极的一面。如果遇到类似问题，这就需要你远离那些抱怨源。如果你身边有总是抱怨的同事，请你离他（她）远点，你总是和他（她）在一起，有可能他（她）没离职，你先离职了。如果自己是抱怨源，那就需要你把遇到的问题调整下，把思维中的“为什么”换成“怎么样”。比如，你可以把“我为什么不卖车呢”转换成“我怎么样才能卖车”，把“我为什么当不了销售冠军”转换成“我怎么样才能当销售冠军”。

“为什么”这种思考方式只会让你找到原因，而往往这些原因都是负面和环境的。比如，领导更喜欢某人，品牌不行，大环境不好，等等。

“怎么样”会让你思考解决问题的方法，你用这个思路去想，你就会积极地寻求解决办法。

看到这里，你说：丁老师，我还是搞不定，怎么办？还有最后一招，那就是要学会自己给自己“洗脑”，这个“洗脑”不是传销的洗脑，而是要自我激励、自我肯定。

1. 用一张白纸写上：我想赚100万！我想赚100万！我想赚100万，遇到客户不要怕，我能搞定！客户是我的财富，我正在挖掘财富！拒绝是客户给我提升技能的机会，不要怕，我一定可以！

每次给客户打电话的时候，你都看着这张白纸上的文字，你会发现效果出奇的好。文字内容你可以自己编，内容一定是鼓励自己、肯定自己，要有目标感。

2. 幻想自己成功时候的样子。每天早上起床，想象一下自己成为成功人士的样子，想象下自己实现目标和人生理想的时候会做什么。一定要想象具体的细节，想的越仔细，就会越有动力。

3. 如果不会幻想，你就看看实物。比如，你的梦想是买一套别墅，那就没事的时候去别墅的售楼处看看，看看那些几千万元或上亿元的别墅。相信我，从售楼处出来以后，你会主动加班，我自己经常干这种事。

无论你是不是做销售的工作，人生在世，总要有个目标。如果你连自己的生活目标都没有，那和行尸走肉没什么区别。我做到店辅导的时候，访谈学员，第一个正式问题一定是：请告诉我，你的目标是什么？我特别喜欢那些目标感强烈的小伙伴，无论是成为亿万身家的大富豪这样的大目标，还是想赚取人生第一桶金的小目标。只要有目标，你就有前进的动力。最怕你浑浑噩噩、昏昏沉沉，白天被客户怼，晚上去酒吧醉！

如果以上的内容还是没法帮你解决，那你可以换个职业了，这个职业真不适合你！另外，还有一个小提醒：做销售很少有休息的时候，如果休假了，不要没日没夜的应酬。睡好觉，养好身体，多看书。毕竟每个人的人生都要自己去把握！你若盛开，蝴蝶自来。

提桶人和管道工

最后，送给大家一个故事。故事有点长，希望大家能耐心读完。

很久很久以前，在意大利中部山谷的一个小村子里住着两位年轻人，一个叫柏波罗，一个叫布鲁诺，他们是堂兄弟。两位年轻人从小就是要好的伙伴，都有雄心勃勃的抱负。他们常常没完没了地谈论，在某一天通过某种方式让自己成为村里最富有的人。他们都很聪明，而且勤奋，他们所需要的只是机会。

一天，机会来了。村里决定要雇两个人把附近河里的水运到村广场的蓄水池里去。村长把这份工作交给了柏波罗和布鲁诺。两个人各抓起两只水桶奔向河边，开始了他们辛勤的工作。当一天结束时，他们把村广场的蓄水池装满了。村长按每桶水一分钱的价格付钱给他们。

布鲁诺大喊："我们的梦想终于实现了！我简直不敢相信我们的好运气。"

柏波罗却不这样想。他的背又酸又痛，用来提那重重水桶的手也起了泡。他害怕每天早上起来都要去做同样的工作。于是，他发誓要想出更好的办法，将河里的水运到村里去。

第二天早上，当布鲁诺抓起水桶往河边奔时，柏波罗说："这样辛苦地来回提水，一天几分钱的报酬。布鲁诺，不如我们修一条管道，将水从河里引进村里去吧。"

布鲁诺愣住了。

布鲁诺大声地嚷着："一条管道？谁听说过这样的事？柏波罗，我们拥有一份很棒的工作。我一天可以提100桶水。按一分钱一桶水的算话，一天就是1元钱！我已经是富人了！一个星期后，我就可以买双新鞋。一个月后，我就可以买一头牛。6个月后，我还可以盖一间新房子。我们有全村最好的工作。我们还有双休日，每年还有两周的带薪假期。我们这辈子都不用愁了！放弃你的管道幻想吧！"

柏波罗是个不容易气馁的人，他耐心地向他最好的朋友解释这个计划，但可惜的是并不能改变布鲁诺的想法。于是，柏波罗决定自己一个人也要实现这个计划。他将白天的一部分时间用来提桶运水，用另一部分时间以及周末的时间来建造他的管道。他知道，要在像岩石般坚硬的土壤中挖出一条管道是多么艰难的事。因为他的薪酬是根据运水的桶数获取的，他知道自己的收入会下降。他也知道，要等上一两年，他的管道才能产生可观的效益。但是，柏波罗坚信他的梦想会实现。于是，他全力以赴地去做了。

不久，布鲁诺和其他村民就开始嘲笑柏波罗了，称他为"管道建造者柏波罗"。布鲁诺挣到的钱比柏波罗多一倍，常常向柏波罗炫耀他新买的东西。

布鲁诺买了一头毛驴，配上全新的皮鞍，拴在了他新盖的两层楼旁。他还买了亮闪闪的新衣服，在饭馆里吃着可口的食物。村民尊敬的称他为布鲁诺先生。他常坐在酒吧里，掏钱请大家喝酒，而人们则为他所讲的笑话而格外地高声大笑。

当布鲁诺晚上和周末睡在吊床上悠然自得时，柏波罗却还在继续挖他的管道。头几个月里，柏波罗的努力并没有换来多大的进展。他工作的很辛苦，比布鲁诺的工作更辛苦，因为柏波罗晚上、周末也还在工作。但是，柏波罗不断地提醒自己：实现明天的梦想是建立在今天的努力上的。

一天一天过去了，柏波罗不停地挖，一次只能挖一英寸。他一边挥动凿子，打进岩石般坚硬的土壤中，一边重复着："一英寸，又一英寸……成为一英尺。"一英寸变成一英尺，然后是10英尺、20英尺、100英尺……

每天的工作完成后，筋疲力尽的柏波罗跌跌撞撞地回到他那简陋的小屋时，他总是这样提醒自己："短期的痛苦会带来长期的回报。"他通过设定每天的目标来衡量自己的工作成效。他知道，终有一天，回报将大大超过此时的付出。每当他入睡前，耳边尽是酒吧中村民的嘲笑声时，他一遍又一遍地重复这句话："目光要牢牢地盯在回报上。"

一天又一天，一个月又一个月……有一天，柏波罗意识到他的管道已经完成了一半了，这也意味着他只需提桶走一半的路程了。柏波罗把这多出的时间也用来建造管道。终于，管道完工的日期越来越近了。

在柏波罗休息的时候，他看到他的老朋友布鲁诺还在费力的运水。布鲁诺的背驼的更厉害了，由于长期的劳累，他的步伐也开始变慢了。布鲁诺显得很生气，闷闷不乐，好像是为他自己注定一辈子要运水而愤恨的样子。

布鲁诺在吊床上的时间减少了，却花更多的时间泡在酒吧里。当布鲁诺进来时，酒吧的老顾客们都窃窃私语:“提桶人布鲁诺来了。”当村里的醉汉模仿布鲁诺弓腰驼背的姿势和他拖着脚走路的样子时，他们都哈哈大笑。布鲁诺不再买酒请大家喝了，也不再讲笑话了。他宁愿独自坐在漆黑角落里，被一大堆空酒瓶包围着。

柏波罗的重大时刻终于来到了——管道完工了！村民们簇拥着来看水从管道中流到蓄水池里！现在，村子里有源源不断的新鲜水了。附近其他村子里的人也都纷纷地搬到这个村子中来了。于是，这个村子就发展和繁荣起来了。

管道一完工，柏波罗便再也不用提水桶运水了。无论他是否工作，水都一直源源不断地流入蓄水池中。他吃饭时，水在流入蓄水池中。他睡觉时，水在流入蓄水池中。当他周末去玩时，水还在流入蓄水池中。流入村子的水越多,流入柏波罗口袋里的钱也就越多。

管道建造者柏波罗的名气大了，人们都称他为奇迹创造者。政客们赞扬他的远见，还恳请他竞选市长。但是，柏波罗明白他所完成的并不是奇迹，这只是一个宏伟梦想的第一步。知道吗，柏波罗的计划大大超越了这个村庄。

柏波罗计划要在全世界建造管道！

管道的建立使提桶人布鲁诺失去了工作。看到他的老朋友向酒吧老板乞讨酒喝，柏波罗的心里很难受。于是，柏波罗安排了一次与布鲁诺的会面。

“布鲁诺，我来这里是想请求你帮忙的。”

布鲁诺挺起腰，眯着他那无神的眼睛，声音沙哑地说：“别挖苦我了。”

柏波罗说：“我不是来向你夸耀的，我来向你提供一个很好的生意机会。我建造第一条管道花了两年多的时间，但这两年里我学到了很多知识。我知道该使用什么工具挖土，在哪里挖，如何连接管道等。一路上，我都做了笔记，我开发了一个系统的方法，能让我们建造另一条管道，然后是另一条、另一条……由我自己来做，一年可以建成一条管道，但这并不是利用我的时间的最好方式。我想做的是教会你和其他的人建造管道。然后，你再教其他人。然后，他们再教其他人。直到管道铺满本地区的每个村落。最后，全世界的每一个村子都要有管道。”

…………

柏波罗继续说：“我们只要从流进这些管道的水里赚取一笔很小的钱，而越多的水流进管道，就会有越多的钱流进我们的口袋。我所建的管道不是我们梦想的结束，而仅仅是开始。”

布鲁诺终于明白了柏波罗宏伟的蓝图。他笑了，向他的老朋友伸出他那粗糙的手。他们紧紧地握住对方的手，然后像失散多年的老朋友那样拥抱。

许多年以后，尽管柏波罗和布鲁诺已退休多年了，他们遍布全球的管道生意还是每年把几百万元的收入汇进他们的银行账户。他们有时会到各地旅行，也会遇到一些提水桶的年轻人。这两个一起长大的好朋友总是把车停下来，将自己的故事讲给年轻人们听，启迪他们建立自己的管道。一些人会听进去他们的话，并且立即抓住这个机会，开始做起管道生意。

但悲哀的是，大部分提桶者总是不耐烦地拒绝了这个建造管道的念头。柏波罗和布鲁诺无数次地听到相同的借口。

“我没有时间。”

“我朋友告诉我，他认识的一个朋友的朋友试图建造管道，但失败了。”

“只有那些很早就开始动手的人才可以从管道那里赚到钱。”

“我这辈子一直都是提水桶的，我只想维持现状。”

“我知道有些人在管道的骗局亏了钱，我可不干这个。”

…………

柏波罗和布鲁诺为许多人缺乏远见而感到悲哀。但他们也不得不承认：他们是生活在一个提桶人的世界里，只有一小部分人敢做建造管道的梦。

你是谁？提桶者还是管道建造者？当某天你丧失工作能力时，当你某天不再劳累工作时……是否仍能有足够你和家人生活的收入来源？

你是谁？提桶者还是管道建造者？

你是否只有来到公司、把工作干了才有收入，好像提桶人布鲁诺最开始那样？或者你做一次工作，然后一次又一次地得到回报，就像管道建造者柏波罗一样？

如果你像大部分人一样，你已经陷进“提桶计划换钱的陷阱”。你知道如下的绕口令吗？一小时的工作换一小时的报酬，一个月的工作换一个月的报酬，一年的工作换一年的报酬……这听起来熟悉吗？我称它为“时间换金钱”的陷阱。提桶的问题在于：当你停止提桶时，收入也停止了。提桶的潜在危险在于：收入是暂时的，而不是持续的。如果布鲁诺某天早上醒来发现自己背部扭伤，起不了床，那一天他可以赚多少钱？零！没有工作，就没有收入！任何提桶的工作都是一样的。只要提桶者用完了病假日或休假日，如果他们不继续提桶，他们就不会得到薪水。

你看到提桶的工作是多么脆弱了吧？

“时间换金钱”陷阱的问题在于：如果你不交换时间，你就赚不到钱。管道人柏波罗很早就意识到提桶的局限。于是，他决心建立一个系统，无论是否需要投入更多的时间，他都能不断得到报酬。他明白：提桶是毫无保障可言的，他明白管道是他的生命线。

如果明天你不能付出时间，你会怎么样？如果明天你的收入中断了，你怎么办？如果你被解雇了，会有什么情况发生？ 如果你病了或身体不适，无法继续“提桶”，会有什么情况发生？如果某一次医疗意外耗尽了你所有的积蓄，怎么办？如果明天你的收入中断了，可你还得继续支付房贷，怎么办？买车的分期付款，又怎么办呢？还有孩子上学的费用呢？如果灾难降临，你是否有生命线保护你和你的家人呢？

无论你是年收入仅一万元的洗碗工，还是年收入数十万元或几百万元的医生，你都是用一个单位的时间换一个单位的钱。你如何摆脱“时间换金钱”的陷阱呢？通过建造持续收入的“管道”来摆脱“时间换金钱”的陷阱。有了持续收入，你只要工作一次，就可以不断得到报酬。

你想做“提桶人”，还是“管道工”？完全取决于你自己！